成语星球
围观古人读书

彭兰玉 著

四川人民出版社

图书在版编目（CIP）数据

成语星球：围观古人读书 / 彭兰玉著. -- 成都：四川人民出版社，2022.3
ISBN 978-7-220-12475-4

Ⅰ.①成… Ⅱ.①彭… Ⅲ.①汉语—成语 Ⅳ.①H136.31

中国版本图书馆CIP数据核字（2021）第239559号

CHENGYU XINGQIU — WEIGUAN GUREN DUSHU

成语星球——围观古人读书

彭兰玉　著

出 版 人	黄立新
选题策划	刘配书　汤　梅
责任编辑	汤　梅
版式设计	戴雨虹
封面设计	张　科
封面插画	徐亚萍
内文插画	徐亚萍
责任印制	周　奇
出版发行	四川人民出版社（成都槐树街2号）
网　　址	http://www.scpph.com
E-mail	scrmcbs@sina.com
新浪微博	@四川人民出版社
微信公众号	四川人民出版社
发行部业务电话	（028）86259624　86259453
防盗版举报电话	（028）86259624
照　　排	四川胜翔数码印务设计有限公司
印　　刷	四川新财印务有限公司
成品尺寸	145mm×210mm
印　　张	11.375
字　　数	225千
版　　次	2022年3月第1版
印　　次	2022年3月第1次印刷
书　　号	ISBN 978-7-220-12475-4
定　　价	68.00元

■版权所有·侵权必究

本书若出现印装质量问题，请与我社发行部联系调换
电话：（028）86259453

自序 成语是一个大大的文化雪球

成语是一个大大的文化雪球,说它是雪球,因为它越滚越大,量非常多,汉语的工具书除了字典、词典、辞海、词源之外,还单独有成语词典。大成语词典收录的成语数量有三万条的,有两万条的,有一万多条的。一个成语就是一粒雪珠,能折射出一个故事、闪现一束智慧的光芒,这些雪珠聚在一起,就成了一个大大的文化雪球。

在现代交际中,一个人如果善于使用成语,大家就会觉得他文明程度高,文化性强,语言干净利索,让人肃然起敬。

比如有一天我和我先生都不想做饭,我先生想让我做饭,我不想动,装没听见,他就自言自语说"自己动手,丰衣足食"。等他快做好了,我就走过去,他打趣说:"你想不

劳而获吗?"我说:"我这是见机行事。"

吃饭的时候我问:"我们去内蒙古看草原该早点把票买好吧?"他说:"不去了。"我说:"说好的下个月去的,你说话不算数,出尔反尔啊?"他说:"计划不如变化快,去不了了。"

这类生活场景,可能很多家庭都出现过,它发生的时候,很多人都没有意识到,我们已经说了四个成语:丰衣足食、不劳而获、见机行事、出尔反尔。我们说得很自然,听得也很自然。但是让仅仅学过汉字或日常用语而没学成语的外国友人听,他一定会奇怪:你们在说什么呢?他每个字都听懂了,但怎么连到一起,反而又听不懂了呢?这是因为成语用字虽然少,但是承载的文化含量大,不是字面意思的简单相加。

我听到过一个故事,一次运动会上,有个留学生听人说这场比赛选手都很厉害,不知道会鹿死谁手,这个留学生就赶紧打听哪里有杀鹿比赛。他听懂了每一个字的意思,但是没有听懂这个成语的含义。从语言学习的角度上说,如果学会了汉语拼音、会写汉字、知道词语的意思,能将词语按照语法规则组成一句话,这还不能算真正学会了汉语;反过来,如果学会了成语,那就一定是汉语学得很好了,因为成语就是一个语法结构,里面有读音、有文字,不能写错。此外,这个结构还有超越词语组合的整体含义,而这个含义里面有故事,有文化的依据。比如刚才说的鹿死谁手,这个鹿不是梅花鹿这样的动物,而是逐鹿中原中的鹿,这个鹿指的是政权,《史记》给淮阴侯韩信立传的时候有这样的话:"秦失其鹿,天下共逐之,于是高材疾足者先得焉。" 意思是说,秦王朝失去了自己的梅花鹿,天下的英雄都来追逐它,在这个时候谁的个子高、腿长、跑得快,谁就能抓到鹿。这个鹿就是统治权,抓到鹿表明赢得了竞争,而鹿死谁手就是说谁最后赢得了竞争、取得了胜利。

作为中国人,大家多多少少都会用成语,我们有没有想过,中国的成语有多少?它跟一般的词语有什么不同?现在国际交流越来越频繁,如果一个国际友人问你:中国的成语是个什么东西?你会说什么呢?要回答这样的问题,需要先对中华成语有一个总体认识。

总体上说,成语这个文化大雪球的特质,可以从四个方面解读。

一、成语是高级文明的产物

成语的高级文明特质可以从文明历史的进程来看。成语要建立在文字成熟的基础上,在历史进程上,它是高级文明的标志。考古发现,就人类的产生而言,蓝田猿人距今100万年,元谋猿人距今已经170万年,语言的产生则距今大约30万年,文字出现的时间大约距今五六千年。人类是先有语言再有文字,语言本身就是人类文明非常重要的标志,但是有了文字,人类的生活、生产等活动才得以记录,文明才有可能进入到高级阶段。有了文字以后语言才可以保存下来,进而变得更丰富复

杂,甚至是绚烂多彩,成语是人类文明进入高级阶段的象征之一,是语言丰富多彩的重要表现。

中国的第一个王朝是夏朝,由于当时可能存在的文字还不成熟,用来记事都不够,也就不可能富余到对思想对传说进行概括、萃取为成语。商朝也叫殷商,这时候的文字被认为是成熟的文字,可惜殷商发掘出来的甲骨文等资料信息中成语的内容也极其少。这个时期就语言发展而言还没有进入到高级文明阶段,虽然有不少成语说的是夏商乃至更早的流传民间的神话传说、寓言故事,但都不是夏商当时能写下来的,只是流传在口头中,到后来才被人们用文字记录下来。比如"女娲补天",它是中国上古神话传说之一,女娲是华夏民族人文先始,女娲补天的故事是家喻户晓、流传很广的,只不过这个故事到战国的《列子·汤问》、西汉的《淮南子·览冥训》才得以用文字记下来,用来形容改造天地的雄伟气魄和大无畏的斗争精神。我们现在熟悉的"夸父逐日""精卫填海"都是夏朝之前流传很广的神话传说,但是把它们用文字写成故事则是战国中后期的《山海经》以后的事情了。这样的故事写得多了,就形成一种文学式样,有的故事还不止一个版本,人们根据不同的版本就可能解读出不同的寓意,萃取为成语,像"夸父逐日",一个版本客观地描述神话,另一个版本渗入了评价,所以这个成语就有两个寓意,一是比喻人有大志,二是比喻不自量力。

夏商之后,成语才成为越滚越大的雪球,一般说的先秦文明和文化，主要是西周到战国的成果，这个时期出现了中国第一部诗歌总集《诗经》和大诗人屈原，出现了博大精深的辩证法哲学书《易经》，产生了思想极其活跃的诸子百家，出现了中国第一部叙事详细的编年体史书《左传》。

这些作品到现代仍然具有思想和史学的丰碑意义，无疑是高级文明的代表，与之相应，从这些作品中萃取出来的成语自然也很多。

可见，成语需要文字本身进入成熟阶段才会产生，这是一；当成熟的文字用来保存文学作品、思想作品的时候，成语就有了发展的契机，就会滚动起来，这是二。秦汉以后一直到当代，成语这个文化雪球在高级文明的道路上滚滚向前。

二、成语具有兼收并蓄的容量

成语兼收并蓄的特质指的是它的文化来源范围广泛，文化养分充足。认识这一点非常重要。

成语打开了神话传说的门路。我们遇到从来没有过的经历和体验时，可能会说"这真是开天辟地第一回"，这里的"开天辟地"可是跟我们想象的最大的老祖宗有关。在古代初民的意识里，有了三皇五帝还没有能回答我们是从哪里来的、天地与我们的关系是怎样的之类的问题，想来想去，就有了盘古开天的神话传说。这个故事说的是最开始整个宇宙是一只混沌漆黑的鸡蛋，没有天地和日月星辰，盘古在这只大鸡蛋里孕育成

人，睡了一万八千年才醒来。醒来后憋闷得慌，浑身像被绳子束缚一样难受，他要舒展筋骨，胳膊一伸，腿脚一蹬，大鸡蛋就被撑碎了。睁大眼睛一看，上下左右依然是漆黑一团、混沌难分。盘古抡起拳头就砸，抬起脚就踢，把这混沌黑暗踢打得稀里哗啦乱动，然后慢慢地分离，轻的部分（阳）飘起来，变成了蓝天；重的部分（阴）渐渐沉降，变成了大地。盘古透了口气，然后手撑天，脚蹬地，继续让天地分离，这样不睡不吃，又坚持撑了一万八千年，从蹲着到慢慢站直托举，他的身子一天长一丈，天地也一天分开一丈，天地终于被他撑开了九万里定下来，他也长成了一个高九万里的巨人。天可以定位了，盘古躺下身来休息，在睡梦中他还想着：光有蓝天大地不行，还要有日月山川，人类万物，那就把我的身体拿来用吧。于是，他的头变了东山，脚变成了西山，身躯变成了中山，左臂变成了南山，右臂变成了北山。这五座圣山确定了四方形大地的四个角和中心，支撑起天地。盘古的左眼变成了又圆又大又亮的太阳，给大地送暖；右眼变成了光光的月亮，给大地照明。头发和眉毛变成了天上的星星，嘴里呼出来的气变成了春风、云雾，声音变成了雷霆闪电。肌肉变成了大地的土壤，筋脉变成了道路。手足四肢变成了高山峻岭，阳根化为伏羲，双乳化为女娲，骨头牙齿变成了埋藏在地下的金银铜铁、玉石宝藏。血液变成了江河，汗水变成了雨露。汗毛变成了花草树木，精灵变成了鸟兽鱼虫。从此，天上有了日月星辰，地上有

开天辟地

古代神话传说盘古开辟天地之后,才有了世界和人类。后比喻有史以来第一次。

例句:中华人民共和国的成立,是一件~的大事。

拳打脚踢不一定有世界,
不拳打脚踢一定没有世界。

了山川树木、鸟兽虫鱼,天地间从此有了世界。

盘古开天辟地的神话很有代表性,它的产生满足了先民要还原宇宙世界真相的愿望、追求美好事物的梦想,体现出对高洁的人或物的歌颂、赞美与敬畏之情,同时表现出渴望认识并征服万物的心态。先民对大自然充满了好奇,希望去探索自然和发现自然,但是以当时人们的智慧和能力,对于大自然中的一些现象是无法解释的,于是人们动用了丰富的想象力,创造出了神话。由此可见,神是人创造的,而神话是人在幻想中经过不自觉艺术方式加工过的自然界和社会形态,是人根据自己的现实经验,以幻想和想象对自然现象和社会现象所作的解释。

盘古开天辟地这个神话传说所体现的价值核心之一在于宇宙天地从无到有,基于这一点凝结为成语"开天辟地",用来比喻空前的、自古以来没有过的东西或体验。

成语打开了历史故事的门路。中国历史上有无数可歌可泣的人物、故事以及故事中人物的思想光辉,这些有价值的历史事件必然成为萃取成语的重要依据,比如,象征着团结精神的成语"守望相助"就是出自孟子的论说。当时滕文公派毕战来问井田的问题,孟子提出自己的韬略,并说按他的办法去做的话,老百姓无论埋葬或搬家都用不着背井离乡,在家乡同耕田地,出入相互结伴,防守盗贼时互相守望帮助,有病互相照顾,这样百姓就亲近和睦。这是一种其乐融融的团结。"同舟共济"说的也是团结精神,这是出自孙子的论说,他说吴国人和越国人本来谁也看不上谁,一旦坐在一条船上遇到风浪,就会如同左右手一样互相救助,这是一种求同存异、顾全大局的团结。这两个成语都被当作形容中国人民具有伟大团结精神的典型成语,并普遍使用。特别值得一提的是中国历史上第一部纪传体通史《史记》,记载了上至上古传说中的黄帝时代,下至汉武帝太初四年(公元前101年)间共3000多年的历史,这部书中不少的历史故事直接成为成语的材料,出现了一大批十分精彩的成语,比如:指鹿为马、背水一战、霸王别姬、卧薪尝胆、鸿鹄之志。

成语打开了古代诗文的门路。中国古代诗文中有非常多的优秀之作,能显示经世致用的道理,比如:李商隐《无题二首》诗中有一联是"身无彩凤双飞翼,心有灵犀一点通"。后面的"心有灵犀"直接变成了成语,比喻恋爱双方心心相印,后来扩大范围,不限于恋爱双方,只要是彼此的心思能心领神会就可用它。再比如:庄子说人的修养的时候,批评有一种人闲暇无事,追求闲游江湖,逃避世事,吹呴(xǔ)呼吸,吐出胸中浊气吸纳清新空气(吐故纳新),像熊一样动动肢体,像鸟一样伸伸手臂,这样的人只是善于保养身体罢了。成语就把原文中说生理现象的"吐故纳新"拿过来提炼一下,比喻扬弃旧的、不好的,吸收新的、好的东西。文化内涵加强了。我们说的"进退维谷"是《诗经·桑柔》里面的现成话"人亦有言,进退维谷"。维,相当于

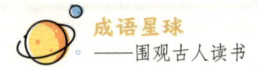

"是",谷,比喻困境,无论是进还是退,都处在困境之中,形容进退两难。我们说的"老骥伏枥"是曹操《步出夏门行》诗里的现成话:"老骥伏枥,志在千里。"骥:良马,千里马;枥:马槽。成语比喻有志向的人虽然年老,仍有雄心壮志。我们说的"不拘一格"是龚自珍《己亥杂诗》里现成的话:"我劝天公重抖擞,不拘一格降人才。"拘,限制;格,规格、方式。表示不局限于一种规格或一个格局。

成语打开了口头俗语的门路。口头俗语中有的话语也能提炼出生活的经验和道理,也是成语文化养分的来源。比如:我们用"天长地久"来形容时间悠久,形容永远不变的爱情,就是一种很白的俗语。用"沧海桑田"来比喻世事变化很大,这是借《神仙传》里麻姑说的话:"麻姑自说云,接待以来,已见东海三为桑田。"用"风花雪月"来比喻堆砌辞藻、内容贫乏空洞的诗文,也指爱情之事或花天酒地的荒淫生活,这是借《伊川击壤集·序》里的口头表达。用"滚瓜烂熟"来形容读书或背书流利纯熟,这是借《儒林外史》中的白话。用"一见钟情"来指男女之间一见面就产生爱情,或者对某事物一见就产生了感情,这是借《西湖佳话》里女子的道白。

古代诗歌有文有白,律诗是文的,乐府反映民歌精华,是比较白的,《诗经》里的风雅颂中,颂、雅是文的,风是民歌,是白的。成语"瓜田李下"来自古乐府《君子行》,用来比喻容易引起嫌疑的场合。成语"之死靡它"来自《诗经·柏舟》,意思是发誓至死不另求,用来形容爱情专一,至死不变,也形容立场坚定。

三、成语是喻示意义的载体

汉语成语一般都是已经锤炼好了的现成的话,言简意赅,宜整体理解,不用再把具体细节拿来说,有时候把细节拿出来反而不符合这个成语的含义。为什么能这样?因为成语的意义是建立在典故基础上的,有出处、流传广。

"愚公移山"这个成语,作为已经锤炼好了的现成话,整体理解它的角度应该是比喻坚持不懈地改造自然和坚定不移地进行斗争。它出自战国《列子·汤问》,说愚公家门前有两座大山挡着路,他决心把山凿平,另一个老人智叟笑他太傻,认为他有生之年做不到。愚公说:"我死了有儿子,儿子死了还有孙子,子子孙孙是没有穷尽的,两座山终究会凿平。"最后,这两座山被上帝派来的两个神仙搬走了。

战国时期是一个社会大变革时期,同时也是学术思想百家争鸣的时期。寓言作为诸子散文的重要组成部分,成了战国诸子阐明各自的政治观点、学术思想以及进行论辩的有力武器,有积极进取的,有消极依赖的。"愚公移山"故事里的两个主人翁,一个叫愚公,一个叫智叟,从命名角度看起来就是搬山傻,但这个傻翁却有目标、有想法,更有决心和干劲,这跟铁杵磨成针是一个性质的,亦说明在当时生产力极不发达的条件

愚公移山

比喻下定决心、坚持不懈地排除困难。

例句：只要有~的精神，就什么困难都能克服。

没有从天而降的英雄，只有挺身而出的凡人。人人都是"愚公"，个个都是英雄。

下，人们只能幻想借助具有超人力量的神来实现征服自然的愿望。这个故事凝练为成语，取移山的精神而不取愚智对比，一旦凝练出成语来就不宜纠缠在故事的其他细节上。近年来有的人认为这个成语不好，它让人蛮干、思想僵化不灵动，有的人说为什么愚公不知道搬家只知道搬山呢？尽管有这样的议论，但这个成语的含义并没有改变，说明喻示意义一旦形成，就具有强大的生命力。

我们来看开头说的一个成语"出尔反尔"，它是从《孟子·梁惠王下》中"出乎尔者，反乎尔者也"的故事萃取出来的，这个故事说的是邹国与鲁国交战，邹国的官吏战死了很多，百姓却不愿意拼死向前营救，邹穆公向孟子讨教，说这样的百姓不知道该拿他们怎么办。孟子说："国家闹灾荒的时候，民不聊生，官吏们不向你报告老百姓的情况，国库里装满了粮食和财宝，百姓却得不到救济，这表明官吏们不但不关心百姓还可以说是残害百姓。曾子说过，小心啊，你怎么对别人，别人也会怎样对你。你不要归罪于百姓啊，只要你施行仁政，老百姓自然就会亲近你，也会愿意为这样的长官不怕牺牲了。"这个成语的原意是你怎样做，就会得到怎样的后果。但是它的喻示意义却建立在指人的言行反复无常、前后自相矛盾之上，这种出入应该是由于别解了"反"的意思，原文里的"反"取的是"返回"义（通"返"），后来人变而取"反复、相反"义了。

出尔反尔

比喻言行自相矛盾,反复无常,说话不算数。

例句:做人说话要讲信用,不能~。

说到就要做到,
诚信才有回报!

四、成语具有和谐典雅的韵致

成语大多是四个字,说起来节奏匀称,语调稳当,有语言美感。有个别的成语超过四个字,但运用的时候能变成四个字的还是会简化一下,比如"心有灵犀一点通"就常说"心有灵犀"。

成语这个文化大雪球滚到现在还没有停止。如果有人问:根据上面四个特质,成语应该是书面语吧?也对,也不对。我们说话,基本上用的都是口语,简单直接,很少有人用书面语来表达,因为用书面语表达,既要斟酌词句,还要表情达意,这在口语表达中是很难的。即便有人做到了,别人也会说怎么这人说话文绉绉的,不接地气。但是在口语里,一点儿也不妨碍我们使用渗透着文化和文明的、典雅而有韵律的成语。因为成语作为一种文明音符,一代又一代地活跃在生活交际里,传承着我们的历史,丰富着我们的表达,它已经成为渗透在中国人骨子里的文明基因,形成了集体文化素质和需求。

第一篇
中华典籍数千年

003 汗牛充栋
005 坐拥百城
009 三坟五典
013 六韬三略
018 半部论语
021 断烂朝报

第二篇
平生读书为谁事

027 小题大做
032 玉不琢不成器
036 断织劝学
041 青出于蓝

目录

045 **第三篇**
投认师生法不轻

047　教学相长
050　能者为师
053　不耻下问
058　耳提面命
061　抗颜为师
064　车在马前

069 **第四篇**
乐在其中浑不觉

071　囊萤映雪
075　焚膏继晷
079　牛角挂书
083　韦编三绝

目 录

第五篇
恶习起时能自讼

- 091 困而不学
- 095 群起效尤
- 099 汉人煮箦
- 103 一曝十寒
- 107 恃才傲物

第六篇
好遵孟母三迁教

- 115 孟母三迁
- 119 一傅众咻
- 123 染丝之变
- 130 蓬赖麻直

135 第七篇
处己谦虚终受益

137　登高自卑
142　多文为富
147　博物洽闻
153　滥竽充数

157 第八篇
师道之尊有如此

159　师道尊严
164　白首北面
169　一日为师，终身为父
174　程门立雪

第九篇
世人读书要知道

182　读书百遍，其义自见
187　穷原竟委
191　举一反三
195　师心而不蹈迹

第十篇
读书精得圣人言

204　开卷有益
208　学富五车
215　画虎类狗
219　食古不化

223 第十一篇
待到金榜题名时

- 225 金榜题名
- 232 蟾宫折桂
- 237 独占鳌头
- 242 白蜡明经

247 第十二篇
施教夙闻因材异

- 251 因材施教

267 第十三篇
诗书养志勤三省

- 271 三省吾身
- 277 日省月试

目录

第十四篇
梅花香自苦寒来

287　磨穿铁砚
291　一丝不苟
296　含英咀华
300　欲速不达

第十五篇
心有灵犀一点通

308　触类旁通
313　融会贯通
319　一通百通
324　下学上达

327 第十六篇
天才英发贵勤思

330　一目十行

336　半面之交

340　过目不忘

346　博闻强识

第一篇 中华典籍数千年

读书就是学习,说学习,就得从"书"说起。

对个人来说,书一辈子也读不完,但我们不能因此就放弃一些读书时间,否则就会不断地碰到"书到用时方恨少"的情况。

供人们阅读的书有多少呢?在今天,能读到的书涵盖古今中外,数量实在无法统计,在古代却是有人统计的。清朝乾隆皇帝时期,360多位高官、学者编撰,3800多人抄写,耗时13年编成了一部丛书,叫《钦定四库全书》,简称《四库全书》,分经、史、子、集四部,所以叫四库,共有7.9万卷,3.6万册,约8亿字。这个工程浩大,看起来收录的书很全了,但其实也可以说很不全。从成语中,我们就会发现古代书籍还有没有被《四库全书》辑录的一面。

一
言书之多

形容古代的书多,有不用经过太多思考就能想到的成语,比如:浩如烟海、卷帙浩繁。有时,我们会用更有意思的说法:汗牛充栋、坐拥百城。

汗牛充栋

"汗牛充栋"可以按照"汗牛"加"充栋"的思路来理解,它是用两件事情在说书很多,不是说汗涔(cén)涔的牛塞满了一栋房子。这个故事跟孔子有关。孔子的思想博大精深,后世尊他为圣人,弟子众多。为了教学的需要,孔子曾经整理修订过鲁国的国史《春秋》,要用《春秋》这本书来让人们明白"义"。但《春秋》用于记事的语言极为简练,几

汗牛充栋

驾牛车运书,牛累得出汗;收书入库,堆过屋梁。形容书籍多。

例句:省图书馆的藏书很多,真可谓~。

乎每个句子都暗含褒贬之意,这种写法被后人称为"春秋笔法""微言大义"。为了解读它,后来又出现了很多对《春秋》所记载的历史进行补充、解释、阐发的书,被称为"传",当时就有五家:《左传》《公羊传》《谷梁传》《邹氏传》《夹氏传》。后来历朝历代,有成百上千的人为它们作注讲疏,写出了很多见解不一的著作。唐代学者陆质对孔子的《春秋》特别有研究,写有《春秋集传辨疑》《春秋微旨》等书。柳宗元对陆质深表敬佩,说他的书"处则充栋宇,出则汗牛马"。也就是这些书堆起来能塞满屋子,运出去要使牛马都累得出汗。

坐拥百城

"坐拥百城"比喻藏书极其丰富或嗜书之深,字面上看起来好像是某人拥有很多城池,里面并没有说到书,其实这个成语的喻义是拥有一万卷书,胜似管理一百座城池的大官。它用对比的方法说明书多比管理的城市多(当高官)更重要。这个故事的主角是南北朝人李谧(mì)。李谧好学,开始跟随孔璠(fán)学习,几年后,孔璠反过来向他学习。朝廷屡次征召李谧为官都被他推辞了,唯以琴书为业。原文出自《魏

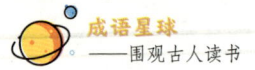

书·李谧传》：

> 每曰："丈夫拥书万卷，何假南面百城？"遂绝迹下帷，杜门却扫，弃产营书，手自删削，卷无重复者四千有余矣。

"每曰"就是指常常说；"假"是指闲暇；南面，就是面南之位，古代以坐北朝南为尊，南面就是指地位崇高；百城，虚指很多城池，指土地广大，"南面百城"用以形容统治者尊贵富有。这一段直译的意思是，一个人如果家中藏有万卷书，哪里有闲暇去管理百座城池？于是就闭门谢客，放弃精英产业，从事修改书籍的工作，没有重复地修改了四千余卷。"坐拥百城"就是由这一段文字提炼出来，形容藏书非常丰富，也作富面百城。

那么，汗牛充栋和坐拥百城两个成语有什么共同点呢？

第一，都是说书多。

第二，都用了修辞手法。汗牛充栋用了两个夸张意象，反复渲染；坐拥百城原文用对比，抽掉对比的本体，将对比体演化为喻体，"百城"直接就是说丰富的藏书。

第三，都有价值评判。汗牛充栋是用藏书多来夸奖陆质的好学严谨；坐拥百城反映出知识的重要性，知识会给人带来强大的自信和满足。

中国古代的书这么多，那最古老的是哪一本呢？我们知

坐拥百城

指藏书丰富,比管辖一百座城池还强。

例句:别看他房子老破,但他~,乐在其中。

藏书破万卷,

胜过百城主,

因为我拥有整个世界。

道第一部字典是《说文解字》,第一部词典是《尔雅》,第一部农业百科全书是《齐民要术》,第一部诗歌集是《诗经》,第一部富有神话传说的地理书是《山海经》,第一部长篇小说是《三国演义》,但这都不是这个问题的答案。中国最古老的书是《四库全书》无法收录的,而在中国文化中又是十分重要的。

二
最古之书

最古老的书是传说中上古时代的书,形成了一个特殊的成语,那就是三坟五典。

"三坟五典"开始是古籍篇名,到后来已经成为一种文化记号,包含了相当丰富的意蕴。

在中华民族的记忆中,上古时期中国有四部非常著名的著作,它们分别被称为《三坟》《五典》《八索》《九丘》。最先书面提到它们的是《左传·昭公十二年》,楚灵王在与子革说话,左丘明的爷爷左史倚相走过,楚灵王就跟子革说:"这个人是好史官,您要对他高看一眼,这个人能够读《三坟》《五

典》《八索》《九丘》。"也就是说，在公元前530年，楚国的左史倚相就以能够读懂上古名著而闻名于朝，遗憾的是《左传》没有说明这些上古名著的内容和形式。

其次，它长什么样，里面写的什么，到底谁读过它，没有明证，但对它的存在和文化价值却凝聚了中华民族的高度认同。谁都没见过，谁都相信它存在；反过来谁都相信它存在，都不会轻易相信有人说见过它、读过它。清朝初年有个袁才子，为了这事还被人挖苦。他考取进士，做了两任县官，40多岁就辞了官，他把《红楼梦》里南京的大观园买下来，改名随园，过着享清福的日子。他在随园门口挂了一副对联：

　　此地有崇山峻岭茂林修竹
　　斯人读三坟五典八索九丘

袁才子自己对这副对联很满意。当时另一位历史学家，也是一个才子，姓赵，对这副对联很不服气。有一天赵才子到南京，用红帖子写了自己的名字，亲自拿着来拜访袁才子。袁才子不在，他的家人很客气地招待了赵才子，问："请问赵先生来访有什么事吗？"赵才子说，他没有事，只是想来借几部书。家人问他借什么书，他说《三坟》《五典》《八索》《九丘》。袁子才回来知道他是来找麻烦的，便把门口的对联拿掉了。其实，袁才子做这副对联主要是为了音节节奏对仗工整，

三坟五典

泛指我国古代较早的文献典籍。

例句：~是中国古代极其重要的文化组成部分。

有一种魔术让你笑开颜，
有一种魔书让你睁大眼。

下联的意思完全可以理解为借代，就是用"读三坟五典八索九丘"来表明自己是住在青山翠竹里饱读诗书的人。

再次，人们希望对它进行确认，倾注了大量心血，从坟是什么典是什么到三坟是哪三坟，从它长得什么样子到为什么长成这个样子，讨论一直延续到当今，让这个传统文化之谜带上了历史的圆梦文化。

"三坟五典"所说的书是传说中的书，现实中没见到。下面我们要说几种现实中确实有，又很有特色的书的成语，那就是韬略之书、千钧之书和破烂之书变成的成语。

三
韬略之书

先看韬略之书的成语。古代有部兵书叫《孙子兵法》,这部兵书的名称并没有转化为成语,与《孙子兵法》相应,还有另外两部兵书《六韬》《三略》,这两部兵书却有"一拖三"的语言效果。中国很多历史现象到后来都只生发出一个成语或者一个词语,而这一兵书现象却生发出两个成语外加一个词:六韬三略、文韬武略、韬略。

它的能产性这么高说明什么?说明它特别重要。何以见得呢?我们看一个故事。

刘邦能当上皇帝,以萧何、张良、韩信三人功劳最大,这

三个人被誉为"汉初三杰"。司马迁在《史记》里给张良写了《留侯世家》,里面说,张良原是韩国名门公子,姓姬,后来因为行刺秦始皇未遂,逃到下邳(pī)隐匿,改名为张良。有一天,张良来到下邳附近的圯(yí)水桥上散步,在桥上遇到一个穿粗布衣的老人。那老人走到张良面前,直接把一只鞋子丢到桥下,然后对张良说:"喂!小伙子!你替我去把鞋捡起来!"张良很惊讶,本来不想理他,但看到老人年纪很大,便忍住了。他不但下桥把鞋捡了起来,还恭敬地跪着替老人穿上。老人伸脚穿好鞋,然后笑着转身就走了。张良更吃惊了,盯着老人离开的背影。那老人走了一里多路,返身回来,说:"你这小伙子很不错,值得我指教。五天后的早上,到桥上来见我。"张良听了,连忙答应。第五天早上,张良赶到桥上。老人已先到了,生气地说:"跟老人约好时间却迟到,怎么回事啊?再过五天,早些来见我!"又过了五天,公鸡一打鸣,张良就出发赶到桥上。不料老人又先到了,老人说:"又迟到,怎么回事啊?五天后再早点来。"又过了五天,张良刚过半夜就摸黑来到桥上等候。过了一会儿,老人也来了,高兴地说:"小伙子,你这样才对!"老人说着,拿出一本书交给张良,说:"你要下苦功钻研这部书。钻研透了,以后可以做帝王的老师。十年后有大成就。十三年后,小子你将再见到我,济北谷城山下的黄石就是我啦。"然后老人就离开不见了。第二天早晨,张良看那本书叫《太公兵法》,他觉得这件事很奇特，于是用功钻研这本书。他的研读很有成效，后来成了汉高祖刘邦的重要谋士，为刘邦建立汉朝立下了汗马功劳。

故事中的老人三番五次地捉弄张良，只是因为想要交给他的那本《太公兵法》太重要了。这个《太公兵法》就是《六韬》。

《六韬》也叫《太公六韬》《太公兵法》，是中国古典军事文化遗产的重要组成部分，其内容博大精深，最精彩的部分是它的战略论和战术论，全书分为文韬、武韬、龙韬、虎韬、豹韬、犬韬六卷。这部兵书的作者相传是姜望，即姜太公吕望，后代流传的版本很多，曾经被认为是后人写的伪书。

与《六韬》并称的是《三略》，相传作者为汉初道家隐士黄石公，也叫《黄石公三略》，是中国古代第一部专讲战略的兵书，以论述政治战略为主，兼及军事战略。分为上略、中略、下略三卷。上略设礼赏、别奸雄、著成败；中略察德行、审权变；下略陈道德、察安危、明贼贤之咎。

这两部兵书的重要性，用通俗的话来说就是"要啥有啥"。

《六韬》的"文、武、龙、虎、豹、犬"六卷中，每一卷的命名都有象征意义。文武先行，以"文"为名，因文能安邦，以"武"为名，因武能定国，这是战略意义。后面四卷可以归为战术象征，以"龙"为名，取龙善于变化，论的是变化术；以"虎"为名，取虎能打，论的是打术；以"豹"为名，

取豹能攻,论的是攻术;以"犬"为名,取犬善守,论的是守术。所以,战略战术都有了,战术中攻打退守都有了,这就是要啥有啥,非常管用,张良研读后一飞冲天。《三略》的名称分别是上略、中略、下略,从它的内容来看,上略就是天,中略就是地,下略就是人,综合起来就是追求天时、地利、人和,这不是一般的作战谋略,而是指能够指挥兵将安邦治国的整体军事战略和政治谋略,怎样做到天时、地利、人和,它都会告诉你,真是要啥有啥。

这么好的书必然受到欢迎和重视,说多了用多了,《六韬》《三略》就从两本具体的书变成了泛指兵书的现成话,也就是成语"六韬三略";再借用《六韬》里面的文韬、武韬,就变成了成语"文韬武略",用来比喻用兵的策略,表示文有计谋,武有策略,智勇双全;这还不够,现成话进一步词化,就有了"韬略"这个名词。而且,这样的兵书,还可以让人触类旁通,从中训练自己缜密的逻辑思维,学会调配身边的资源,运筹帷幄。很多人可以管理好自己,但如果把他放到一个更高的管理岗位却无法适应,因为缺少全局思维,而了解六韬三略的故事,可以引导人关注兵书,帮人训练这种思维。可能会产生"企业管理的六韬三略""经济发展的六韬三略""素质教育的六韬三略"这样的说法,用来概括某个领域运作的精华思想。

看看,韬略之书生发出来的成语有嚼头吧!

六韬三略

泛指古代兵书或用兵的计谋。

例句:他通晓~,带兵打仗不在话下。

横的竖的,远的近的,装在心里是为格局,
明的暗的,轻的重的,装在心里是为韬略。

四

千钧之书

我们接着看千钧之书的成语,这个成语就是半部论语。

半部论语怎么来的呢?历史上有个人叫赵普,辅助赵匡胤做了皇帝,建立了宋朝。接着,赵普又辅佐宋太祖赵匡胤统一了全国,赵普做了宰相。宋太祖死后,弟弟赵匡义继位,史称宋太宗。宋太宗时,赵普仍然是宰相。有人对宋太宗说赵普学识浅,所读之书只是儒家的一部经典《论语》,当宰相不恰当。有一次,宋太宗问赵普:"有人说你只读过一部《论语》,这是真的吗?"赵普老老实实地回答说:"我所知道的,确实不超出《论语》这部分。过去我用半部《论语》辅助太祖平定天下,现在我用半部《论语》辅助陛下,天下太平。"后来赵普病逝,家人打开他的书箱,里面果真只有《论语》二十篇。这个故事生发出的成语"半部论语",是对儒学经典《论语》的夸赞之辞,掌握半部《论语》,人的能力就会提高,就能治理国家。

这个成语告诉我们:经典一定要精读。现在的阅读活动已经不可能一辈子只读一部经典了,有的人说现在是碎片阅读时代,每个人都被手机俘虏了。如果在看铺天盖地的网络信息的时候,能够分辨真伪,那也是精读能力的收获。其实,这个故事里面说赵普只读了半部论语是一种夸张的说法,读论语之前一定要有充分的阅读体验,否则就会读出盲人摸象的结果来。

经典一定要运用。读了经典,吸收了知识,学到了理论,但要变成能力,就一定要去运用。有句话说得嘴巴都起茧子了,那就是"理论要联系实际"。这话虽然已经没有新鲜度了,但我们若真能认真体验它,就会提高自己的能力。

经典能改变命运。有两句比较流行的话叫细节改变命运、性格改变命运,当我们精读经典,让经典里的知识变成了能力的时候,命运就快要发生改变了。

半部论语

古时用来强调学习儒家经典的重要性。

例句:古人用~统领了中国几千年的道德思想。

有的人读了一辈子书,变成了书匠;
有的人读了半本书,受用一辈子。

五
破烂之书

以上与书有关的成语都是赞美书的,下面来介绍一部被嫌弃的"书",它叫断烂朝报。

duàn　làn　cháo　bào
断 烂 朝 报

断烂:形容陈腐杂乱;朝报:古代传抄皇帝诏令和官员奏章之类的文件。这个成语用来指陈旧残缺,没有参考价值的历史记载。

这个成语与北宋著名思想家、文学家、改革家王安石有关。《宋史·王安石传》里面有这样的话:"黜(chù)《春秋》之书,不使列于学官,至戏目为断烂朝报。"意思是《春秋》经秦火之后,已残缺不全。解经者每遇疑难之处,便称此

处疑有阙文（空缺亡佚的文字），王安石据此便称《春秋》为"断烂朝报"，即破烂的官方文告，废除这样的书，不让它成为学校的经典。后人沿袭此说，"断烂朝报"便成为《春秋》的别号，不少人认为王安石是蔑视《春秋》，开始批评他。

但是，在清朝人蔡上翔《王荆公年谱考略》的转引中，有另一种记载，意思是：其弟子研治《春秋》，遇有解释不通的地方，便视为文字有脱缺。对此，王安石说，如果真是这样的话，那么作为史书的《春秋》就成残缺不全的文件汇编了。在这样的语境中，王安石是一种反讽的假设说法，自己并不赞同这样的认识，以及用这样的认识来处理文献中的疑难问题。《春秋》是有脱缺，但不能一遇到看似解释不通的地方就统统判为脱缺。

后来，断烂朝报从特指《春秋》到泛指陈旧残缺、没有参考价值的历史记载，转化为一个成语了。此外，它还成为历史上的一个公案，就是王安石该不该这么说、是不是这么说的。

关于"该不该这么说"的问题，舆论几乎是一致的，《春秋》作为鲁国史不仅讲尊王攘夷大一统，还以微言大义的笔法，褒贬历史人物，这就让《春秋》具有了更深刻的历史意义。《春秋》的这一作用的阐发强化，使史书不再仅仅是作为资治的通鉴而存在，更成为高耸的穿越时光的历史耻辱柱，警醒后来人不要肆意妄为，绝不能当作断烂朝报来看待。

关于"是不是这么说"的问题，关系到事实真相，这是一

断烂朝报

指内容陈腐、杂乱无章、没有参考价值的记载。

例句：这些旧资料数据都是~，可以扔掉了。

断烂朝报不值一读，断章取义不值一做。

个非常重要的问题。我们有个成语叫断章取义，说的是脱离语境把一个意思孤立出来，造成与完整事实不相符的曲解。如果当时王安石是用一种反讽或者调侃的方式说话，而我们把这种情境抽掉，就会造成误解。生活中这样的误解是存在的，有的时候听话人理解的角度不一，说话人如果要开玩笑，是要付出代价的。

王安石的话，在《宋史》这部国史里是真谈，在另一记载里就是笑谈。所以，谈了啥、说了啥可能是表象，怎么说的才是真相。

第二篇 平生读书为谁事

古代人读书的目的比较集中,就是为求取功名。古代的功名就是做官,包括文官武官,说白了就是拿国家工资,为国家工作,要达到这个目的就要参加科举考试,科举考试留下一个重要的成语。

现代人读书的目的比较多层活泼,有为创造发明经世济民的,有为系统求知以做人的,有为临时记问以解惑的,形成了一个读书目的金字塔。

一

古人读书为科举

小题大做
xiǎo tí dà zuò

"小题大做"这个成语在现代的意思是拿小题目做大文章,常常用来比喻过分渲染小事,或把小事当作大事来处理。战国有个故事,说齐国大将田单非常厉害,在一次燕国进犯面临灭亡的时候,由死守到进攻挽救了齐国。后来,赵国和燕国发生冲突,燕国国君一怒之下任命高阳为统帅,领兵十万征讨赵国。赵孝成王吓得不知所措,他自认为赵国没有一个大将能带兵与燕国高阳率领的军队相抗衡,于是派人去齐国请齐国大将田单担任赵军统帅,与燕国军队作战,甚至答应齐王,用五十多座城池城邑、集市作为交换。孝成王的决定让满朝大臣大为震惊,他们没想到孝成王会有这样荒谬的想法,做这样荒

唐的决定，私底下议论纷纷。其中最为不满的大臣是马服君赵奢，他不敢公开反对孝成王的决定，找平原君商议说："我们赵国并不是没有能统领军队、抵御外敌的大将，如今为了聘请齐国的田单，居然要割让五十多座城池给齐国，这不是小题大做吗？我们赵国就有勇猛的大将，如果让我领兵迎敌，不出一百天就能把燕军消灭干净。"平原君劝慰他说："这是大王决定了的事情，再谈有什么用呢？"赵奢接着说："田单算什么，如果他没本事，一定会败给燕国。如果他真有领兵作战的本领，也不会为赵国卖命的。用田单领军，有害而无利，道理清楚明白，大王怎么就看不透啊！"赵奢慷慨陈词一番，见平原君态度冷漠、无动于衷，就叹口气走了。赵奢的意思是，这得不偿失，因小利而受大害，是"覆军杀将"的做法。现在有的人在说这个故事的时候就直接用"小题大做"来形容。

　　但是，"小题大做"这个成语应该来源于科举考试，是科举考试的用语。中国的科举制度成型于唐朝，兴盛于明清，明清时考试内容规定为四书五经，考试形式是写八股文。四书即：《大学》《中庸》《论语》《孟子》，是儒家传道、授业的基本教材；五经：《诗经》《尚书》《礼记》《周易》《春秋》，是儒家研究的经典书籍。八股文，即将全文分为八个部分：破题、承题、起讲、入手、起股、中股、后股、束股。从起股以下，每部分用两股整齐的对偶句，限定字数，故称八股文。明清八股文考试题目出自四书五经，以"四书"文句命题的称

"小题"，以"五经"文句命题的称"大题"，若以做"五经"文的方法去做"四书"文，就称小题大做。这"小题、大题"是什么意思呢？不是题目本身的大小，而是经书的大小。唐代对经书进行分类区分，依经书内容或文字多少，分大、中、小三级；宋代则分为大经、小经两种，《诗经》《礼记》一类是大经，《论语》《孟子》一类是小经，兼通儒书也叫兼经。简单地说，小经就是卷数少的经书。作答的八股文内容，不许超出四书五经范围，要模拟古代圣贤的口气，传达圣贤的思想。

能通过科举的人八股文一定写得好，写好八股文一定要熟读四书五经。从这个角度上说，考生都是满腹经纶的人，但八股文的规定最终变成难以经世致用的死结，范进中举式的悲哀让人唏嘘。这种求取功名的读书目的现在已经难以为继了。

小题大做

① 比喻把小事故意渲染，当成大事来处理。② 比喻故意借小事制造事端。

例句：同学之间有点矛盾，就说什么先礼后兵之类的话，未免有点~了吧！

二

现代人的读书目的金字塔

现代人的读书目的金字塔分为三层。

第一层,创造发明以经世济用。有的人有宏大的视野和理想,他们的目标实现了的话就会成为大家。我们现在用的"经济"一词,是从经世济用来的,《宋史·王安石传》:以文章节行高一世,而尤以道德经济为己任。意思是,王安石以文章的节操品行享誉一世,更突出的是以崇尚道德、经世济民为己任,后来官至宰相。

第二层,系统求知以做人。很多人都希望有个安身立命的法宝,当今中国的高考是一件非常重要的事情,很多人参加高考是为了读更多更好更深的书,更系统地掌握一门学问或一技之长,今后可以更好地立足于社会,为社会也为自己创造价值。这种目标实现的话,就可以成为专家,或者成为有"渔技"的人。

第三层,临时记问以解惑。现在是书海加"天网"的时代,知识已经可以无限制地从书本搬到网络,所有人都可以利

用网络进行阅读,绝大多数知识都可以利用网络进行查阅,人们可以不具备系统的训练,出现疑问临时记问,体验临时抱佛脚现学现用的快感。事实上,网络阅读已经把人变成了杂家。

以上三种读书目的因人而异,临时记问以解惑的学习不是稳定的学习方式。如果从稳定性的角度,问一个人人都适用的目的,可以概括为:读书是为了成器,也就是通过读书成为有用的人。我们有一个说成器的成语叫玉不琢不成器。

这个成语字面上说的是玉石不经雕琢加工,成不了器物,喻义指的是人不受教育、不学习就不能有成就。琢就是雕刻打磨,就是学习过程,经过学习才能成器。这个成语出自《礼记·学记》:

> 玉不琢,不成器,人不学,不知道。是故古之王者,建国君民,教学为先。

意思是玉石如果不加琢磨,就不会成为可用之器;人虽然自称是万物之灵,如果不学习,就不会明白人生宇宙的各种道理。因此古代君主在建立国家、管理百姓的时候,总是把教育放在最优先、最重要的位置。《尚书》的《兑命》篇说:"要始终如一地注重学习。"说的就是这个道理。这一段是整个《学记》论述的基础。第一句就用玉器来比喻人才,作为成语,取前半句的文字,取后半句的喻义。我们知道,玉的价值有大有小,小的玉石可以打造成镯子、戒指、项链戴在身上。有的玉石价值连城成为镇国之宝,不方便戴在身上,但也要琢,比如和氏璧。从前楚国有个名叫卞和的人,有一天,他在山里找到了一块还没有琢磨过的玉石(璞玉),把它呈献给了楚厉王。厉王让宫里的玉匠鉴定,没想到玉匠竟说这只是一块普通的石头,厉王以为卞和在行骗,下令砍掉了他的左脚。后来武王继位,卞和又捧着那块玉石献给武王,武王让玉匠鉴定,鉴定结果又说是石头。武王也认为卞和在行骗,就砍掉了他的右脚。再后来文王登基了,卞和抱着那块玉石在荆山下哭,哭了三天三夜,泪尽而继之以血。文王听说后,派人去了解他哭的原因,问他:"天下受断足刑的人多了,你为什么哭得这么悲伤?"卞和说:"我不是悲伤脚被砍掉,而是悲伤把宝玉称作石头,把忠贞的人称作骗子,这才是我悲伤的原因。"文王就让玉匠加工这块玉石,果然得到了宝玉,于是命名为"和氏之璧",成为国宝。后来丢失,等到再出现时,成为赵国和秦国相争之物,引出另一段完璧归赵的壮美故事。

玉不琢不成器

玉石不经琢磨加工,成不了器物。
比喻人不受教育锻炼就不能成才。
例句:~,人不学不知道。

石玉各成器,就看谁在雕琢你

卞和献宝这个故事不但告诉我们和氏璧多么宝贵，也告诉我们，即使是上等的美玉都需要琢磨、打造，才能显现出它的价值。《礼记·学记》用"玉不琢不成器"告诉我们，人也需要良好的教育，才能成为一个有用的人，无名师点拨则为玉不琢。

三

读书成器的形式保证

所谓"形式保证"就是不能中断学习。《荀子·劝学》开篇就说"学不可以已",即学习是不可以停止的,为什么不能停止呢?荀子没说,但道理很明白,停止就等于白学了,没有用,不能成器。荀子这句名言并非成语,有个成语把学习不能中断说得非常形象到位,那就是断织劝学。

断(duàn) 织(zhī) 劝(quàn) 学(xué)

这个成语用来比喻劝勉学习,因为它是成器的形式要件。有关断织劝学的故事有两个,一是有皇族关系的孟轲的母亲,一是平民乐羊子的妻子。这两个女性都在《列女传》里面有记载。说到《列女传》,先说两件值得注意的事情:一是《列女传》作为介绍中国古代妇女事迹的传记体史书，自汉代以后历朝都有，西汉《列女传》单独成书，相传是刘向写的，其他都是在史书中设一个专题。西汉时期，汉成帝的皇后赵飞燕失宠，失宠后她与别的男性乱来，光禄大夫刘向很担心，又不便明白指出，就费了许多功夫，引经据典，搜罗昔时贤后贞妇，兴国保家之事，写成了一册《列女传》，分7个主题104位女性的故事，呈献汉成帝作为讽劝。这些女性都是与皇族士大夫有关的妇女，范晔在写《后汉书》的时候效仿刘向设立《列女传》，在书中为皇族妇女之外的各阶层妇女立传，共录入17人，都是东汉时期妇女中的著名人物，作传的目的是歌颂"女德"。二是列女就是指"诸位女子"，当初的列女传除了节烈孝义，还大量收录通才卓识、奇节异行甚至反面的人物，范围很广，"列女"不同于"烈女"，但是后来的列女逐渐变成了专写节烈的"烈女"。

成语"断织劝学"的孟母的故事，说的是孟子三岁丧父，孟母以一己之力把孟子教养成人。孟子小时候有一次放学后回家就玩，他的母亲正在织布，问他学习怎么样了，孟子漫不经心地说"跟过去一样"。孟母见他无所谓的样子，就用剪刀把织好的布剪断，孟子吓着了，问母亲为什么要发这么大的火。孟母说："子之废学，若吾断斯织也。"你荒废学业，如同我剪断这布一样。有德行的人学习是为了增长知识，才能树立名声，所以平时能平安无事，做起事来就可以避开祸害。如果现

在荒废了学业,就难免于做下贱的劳役,而且难于避免祸患。这和依靠织布而生存的道理是一样的。假如织布中途废弃,她的丈夫和儿子就没有衣服穿,也会影响到吃饭。女子若失去她赖以生存的技艺,男子若对修养德行懈怠,那么不是去做小偷,就是被俘虏、被奴役。孟子听后吓了一跳,自此从早到晚勤学不止,师从子思,终于成了天下有名的大儒。

"断织劝学"的乐羊子妻的故事,说的是乐羊子妻帮助丈夫树立美德、成就学业,这在当时是很可贵的。《后汉书·列女传》曾用切断织机上棉线的道理来讽喻丈夫不可中途废学。有一次乐羊子在路上捡到一块别人掉的金饼,拿回家给妻子,妻子说捡拾别人掉了的东西是谋求私利,会玷污自己的品德名声,乐羊子听后十分惭愧,就把金子扔弃到野外,然后出远门拜师求学去了。一年后乐羊子回到家中,妻子问他怎么回来了,乐羊子说:出行在外久了,心中想念家人,没有特别的事情。妻子听后,就拿起刀来快步走到织机前说道:"此织生自蚕茧,成于机杼。一丝而累,以至于寸,累寸不已,遂成丈匹。今若断斯织也,则捐失成功,稽(jī)废时日。夫子积学,当日知其所亡,以就懿(yì)德;若中道而归,何异断斯织乎?"这些丝织品都是从蚕茧中生出,又在织机上织成。一根丝一根丝地积累起来,才达到一寸长;一寸一寸地积累,才能成丈成匹。现在如果割断这些正在织着的丝织品,就会前功尽弃,浪费时间。你要积累学问,就应当每天都学到自己不懂

断织劝学

原指东汉时乐羊子妻借切断织机上的线,来讽喻丈夫不可中途废学。后比喻劝勉学习。

例句:古人尚且~,我们又岂能沉迷游戏?

严母的灵魂里除了驻着责任,还驻着一个父亲。

的东西,用来成就自己的美德;如果中途就回来了,那与切断这丝织品又有什么不同呢?乐羊子被妻子的话感动了,又回去修学业,竟然七年没有回家。妻子不仅勤勉地奉养婆婆,还送些东西给远离家乡的乐羊子。

  这是贤妻良母的故事,虽然都是断织,有两个不同,一是断与未断结果不同,孟母是果断剪断,震慑孟子的灵魂;乐羊子妻是现场演绎逻辑,告知断织的厉害。二是喻示的角度不同,孟母的喻示对比建立在生活品质差的基础上(避祸):织断了就没有衣服穿,也没有用来换取粮食的资本,吃饭也会成问题,学业不进则荒,荒废学业就难免做劳役;乐羊子妻的喻示对比建立在白费工夫的基础上:丝织品是一根丝一根丝、一寸一寸地累积起来的,织断了就前功尽弃,学问知识是一天天累积起来的,中断读书学习就不能成就美德。不管是立德还是避祸,都是要成器,而成器首先就要保证一心扑在学习上,不能轻慢或中断。

四
读书成器的质量保证

所谓"质量保证",就是要真的学进去,把知识学到手,成为可用之器。《荀子·劝学》开篇说了"学不可以已"之后,紧接着就说:"青,取之于蓝,而青于蓝;冰,水为之,而寒于水。"靛(diàn)青,即靛蓝,是蓝草浸沤(òu)而成的液体,也指深蓝色,靛蓝从蓼(liǎo)蓝提炼而成,但是颜色比蓼蓝更深;冰由水制成,但却比水温度更低。这两个比喻句说的是一个意思,后来凝结为成语青出于蓝。

它的比喻义非常浅显,比喻学生胜过老师,后人胜过前人。再说宽一点,比喻任何人通过发奋学习,都能进步。今日

之我可以胜过昨日之我，学生可以超过老师，老师可以从学生身上学习吸收新知，然后再超过学生。读书学习若能有青出于蓝的态势，"成器"的目的就有了质量的保障了。这个耳熟能详的成语，包括三层含义。

第一，量的累积。知识量的累积一般通过持续不断的学习就能达到，也就是形成记问之学。古人认为记问之学是不能当老师的，我们且不讨论能否当老师，至少记问之学可以让我们在成器的道路上不犯低级错误。如果有人说"我们为了搞成功一件事情，绞尽脑汁，收集的资料和撰写的方案罄竹难书"，这就是低级错误，知识的积累有漏洞，还没有把"罄竹难书"这个成语的知识记全。

第二，质的飞跃。学习要成器，光有形式，一味地读死书、死读书还不行，把知识都记住了，只是记问的积累还不行，还需要通过量的积累达到质的提升。记问之外要有心得，要有畅想，要能融会贯通。如果我背诵的诗歌比你多，但不能准确地解释诗歌的意义和价值，如果我熟知部门的岗位条例，但不能与其他部门达成和谐对接，都不能达成青出于蓝的态势。

第三，螺旋式上升。青出于蓝螺旋式上升的含义指的是要学会借鉴，通过借鉴而超越。关于这一点，《劝学篇》在后面进行了反复论证："登高而招，臂非加长也，而见者远；顺风而呼，声非加疾也，而闻者彰。假舆马者，非利足也，而致千

青出于蓝

比喻学生超过老师,后人超过前人。

例句:她看着我们下棋长大,但却~,下得比我们好。

里；假舟楫者，非能水也，而绝江河。君子生非异也，善假于物也。"这些宏论用现代话来说，就是要学会站在巨人的肩膀上看世界。

　　这一篇说的是读书求学为成器。学生如此，在各行各业工作的人也是如此。学生要埋头认真学习，还要将知识应用于实践，就可能青出于蓝。职员要熟悉业务，要领会岗位功能职责的精髓，就可能绩大于事。创业者要了解市场，要把握产品的时代需求，就可能做大做强。

第三篇 投认师生法不轻

读书学习的参与者只有两个,一个是要读书学习的人,一个是教读书学习的人。有的人读书学习不需要像常人那般地教,比如传说春秋时期的神童项橐(tuó),他七岁就成了大思想家孔子的老师。按照事物的一般规律,人在七岁的时候才发蒙,进入小学的学习阶段,项橐这样的人叫例外。读书学习无师自通是罕见的,社会更常见也更需要持续建设的是教与学的模式及其良性互动。成语能把这种教与学模式良性互动概括成为六个要点:教学关系要和、教学心态要好、教学姿态要低、教学用心要诚、教学身子要正、教学逻辑要明。

一

教学关系要和

老师关心学生、学生关心老师固然是和睦,这里的"和"说的是学问和知识上的和睦平等,用成语来说就是教学相长。

这个成语的意思是教和学两方面互相影响和促进,都得到提高。通过教学,不但学生得到进步,教师自己也得到提高。

它是对一个原理的归纳,出自《礼记·学记》:

> 是故学然后知不足,教然后知困。知不足,然后能自反也;知困,然后能自强也,故曰:教学相长也。

　　这一段文字强调，体验对于人的经验积累和认知提升是非常重要的，只要在实践中体验教与学的活动，就能搭建出教与学是互相促进的和谐关系的认知。美味佳肴你不吃就不会知道它如何美味，非常好的道理你不去学就不会知道它好在哪里。反过来，认真学习了，就能真正发现自己的不足，从而能自我反省；你在教别人了，才能发现自己还有哪些地方没有弄懂，从而发奋去搞清楚。所以教和学都能帮助人们发现不足，它们是互相促进的，不能强调某一方面而忽略另一方面的作用。有的人会认为，不学习也能发现自己的不足，不教别人也能知道自己哪个环节还不懂。这话没错，但是一旦真正进行了学和不学、教和不教的体验比较，就会发现《学记》里面的话说得太对了，就好像你牙不痛，也知道"牙痛不是病，痛起来真要命"，但等你真的牙痛了，才能真正体会什么叫"痛起来真要命"。

　　教学相长在《尚书·兑命》里就是"学学半"，教人的一半在教，一半在学；而学习的人也是一半靠别人教，一半靠自己学。两个一半加起来才是和谐的一个整体。虽然说教与学是一个整体的两个和谐的方面，但达到和谐、维护和谐还需要其他因素。

教学相长

教与学两方面,是相互促进、共同提高的。

例句:教师追求的目标之一就是能够~。

学习从来不是单打独斗,
好的师生关系,
是一场相互成就。

教学心态要好

心态要好的主要对象是教的人。生活当中不怕困难,开朗乐观,是心态好。这里说的是如何看待什么是老师的问题,要豁达,用成语来说就是能者为师。

这个成语在现代的意思是知识、技艺、经验等丰富的人可以当老师。更宽泛一点说,会的人就当老师,即谁会就向谁学习。

"能"是有层级之分的,基础层级是会记问之学,就是仅仅能掌握背诵的知识,这样的能力还不足以当老师,为什么呢?因为老师是能够跟着他学做国君做领袖的那个人,老师的

能者为师

会的人就当老师,即谁会就向谁学习。

例句:咱们互教互学,~。

能者不问出处,进步当思原由。

"能"是高级的,要了解求学的深浅难易顺序,还要了解学生天资高下,之后还要能多方设法晓谕,这样才能做老师。也就是老师一要脑子里有知识;二要能因材施教,知道重点难点,知道学生的特点;三要善于表达解惑,能对问题进行旁征博引,讲个透彻淋漓。

这样的老师是理想中的、高精尖的、专门的导师,把这些能力素质提取出来凝结的成语能者为师,在"能"方面的意义已经泛化了,这种泛化在唐代韩愈的《师说》里说得很明白:"无贵无贱,无长无少,道之所存,师之所存也。"(无论地位高低贵贱,无论年纪大小,道理存在的地方,就是老师存在的地方。)意义的泛化首先给"老师"这个概念带来了新的变化:一是老师不一定是固定的某个人或某个职位,二是给从事教师这个职业的人带来了新的要求:心态要好,要发现并认可、接受身边可以当你老师的人,这些人可能是学生,可能是家人,可能是朋友,也可能是对手。

三

教学姿态要低

要维系教学的和谐,好的心态只是一种准备,真正需要行动体验的,用成语来说就是不耻下问。

不耻下问(bù chǐ xià wèn)

它的字面结构意义是不以下问为耻,具体说就是不把向学问、地位等不如自己的人请教当成可耻的事。反过来说就是乐于向学问或地位比自己低的人学习,而不觉得不好意思,形容谦虚、好学。这个成语出自《论语·公冶长》:

> 子贡问曰:"孔文子何以谓之文也?"子曰:"敏而好学,不耻下问,是以谓之文也。"

这段文字很容易理解，子贡问孔子为什么孔文子会有"文"这样的谥号，孔子说他聪敏勤勉而好学，不以向地位卑下的人请教为耻，所以给他谥号叫"文"。问题是，子贡是孔子十大得意门生之一，他怎么会提出这样的问题？这与孔文子这个人物与"文"的谥号是否相配有关。谥号是对死去的帝妃、诸侯、大臣以及其他地位很高的人，按其生平事迹进行评定后，给予或褒或贬或同情的称号，始于西周。谥号就好像给人贴了标签，"文"这个谥号是美谥，是褒奖的标签，表示具有"经纬天地"的才能或"道德博厚""勤学好问"的品德；"厉"是恶谥，是斥责的标签，周文王、周厉王，只需看"文""厉"就知道好坏。孔文子本名叫孔圉（yǔ），生活不太检点，做事有点冲动。鲁哀公十一年（公元前484年）冬天，卫国太叔疾逃到宋国。当初，太叔疾娶了宋国子朝的女儿，而且她的妹妹随嫁，后来子朝因故逃出宋国，孔圉就让太叔疾休了子朝的女儿，把自己的女儿孔姞嫁给了太叔疾。但太叔疾却把前妻的妹妹安置在"犁"这个地方，还为她修了一所宫殿，相当于他有两个妻子。孔圉大为恼怒，一度想派兵攻打太叔疾，最后把女儿强行要了回来。作为一个臣子，孔文子想攻打国君是以下乱上，还随意把女儿嫁出去又要回来，都是不符合礼的行为，所以子贡对他死后被授予"文"这一谥号大为不解。孔子告诉子贡孔圉能够获得这个谥号是因为他的另一面，聪明好学而又谦虚。

不耻下问

不以向比自己地位低或学识少的人请教为耻。指虚心好学。

例句：在学习上应该有~的精神，切不可不懂装懂。

真理从来不会挑拣人的年龄或出身，摘下有色眼镜，就是摘下了横亘在真理面前的障碍。

通过这个成语产生的背景,我们更能了解不耻下问是多么重要,尽管孔圉容易冲动,但因为他聪明好学、不耻下问这一难得的品性,就能获得褒奖的谥号"文",被称为孔文子。

其实不耻下问也是孔子一直看重、教导和践行的学习理念。这个成语的意义一般理解为要克服年龄、地位障碍,这是纵向问题,其实它的喻义还可以拓展:为了求学,应该向所有与自己不同而又有德、学的人讨教,不以问为耻。有的人在当学生的时候怕与老师交流太多,要遮掩;自己当了老师之后,又觉得自己已经是老师了,更不用向以前的老师讨教了;有的人觉得跟下属讨教没颜面、跟年纪轻的人讨教没尊严;有的人不屑于跟与自己观点相反的人讨教。这样的事,在孔子身上都不存在,我们前面说到项橐是个神童,七岁就成了孔子的老师,这个老师是孔子自己认可的,《孔子项橐相问书》叙述的就是孔子拜项橐为师的有趣故事。孔子周游列国,四处讲学,宣扬儒家思想。一天,他坐车赶路,一个小孩在路上用沙土堆成了一座城,这个小孩就是项橐,他玩得兴致勃勃,孔子说:"你怎么不知道车来了要让路呢?"项橐说:"从古至今,只听说车要绕城而过,哪有城要避开车的道理?"孔子对这个孩子产生了兴趣,问了他四十多个涉及天文地理、自然现象、家庭伦理道德等各个方面的问题,比如"什么水中没有鱼?什么门关不上?什么牛没法生牛犊?"项橐不慌不忙,对答如流:井水,空门,泥牛。项橐反问了孔子几个问题,结果孔子一个也答不上来。一来二去,孔子由赞赏变成敬佩,拜项橐为师。七岁的孩子从此名声远扬,而孔子以圣人之身,不以拜孩童为师为耻,其举动也为天下人称赞。老子是楚国人,创立了道家学说,孔子年轻成名是儒家的代表,但他总觉得自己的知识还不够渊博,三十岁离开曲阜去洛阳拜老子为师。作为儒家的代表,虽然与老子的思想不同,但孔子对老子的崇拜,溢于言表。孔子告诉弟子们,世间万物中,鸟飞得很高,但用网可以捕捉;鱼在水底游,但用网可以捉到,因为它们都是有形的东西。只有龙,乘风云而上天,千变万化不可捉摸。我师父是谁?是老子。老子是谁?老子就是见首不见尾的神龙啊!所以,在真理面前不应该有年龄和门派的障碍。

四

教学用心要诚

不耻下问是春风拂面地索取知识,是低姿态、高水平的学,这种方式当然能有效打造和谐的氛围。教是给予知识,有时候传播知识需要用正式严厉的方式,才能营造教与学的有效模式,用成语来说就是耳提面命。

"耳提"就是贴着耳朵叮嘱,"面命"就是当面教导,现在这个成语用来形容恳切的教导。《诗经·抑》上说:

> 於乎小子,未知臧否。匪手携之,言示之事。匪面命之,言提其耳。借曰未知,亦既抱子。

意思是，小子啊，不知好歹轻重。我非但搀你谈心，也曾教你办事情。非但当面教导你，还要贴着你的耳朵叮嘱你。假使说你不懂事，你也已是抱子的人了。

这个表达，言辞犀利，大有恨铁不成钢的忧愤，用爱之深、责之切来理解比较合适。这是臣子规劝君王的诗歌，为什么有这样的情绪呢？相传，此诗作者是周朝的元老卫武公，经历了厉王、宣王、幽王、平王四朝。厉王流放，宣王中兴，幽王覆灭，他都是目击者。平王在位时，卫武公已八九十岁，看到自己扶持的平王品行败坏，政治黑暗，忧愤不已，写下了这首《抑》诗，从正反两方面规劝讽谏。这首诗共十二章，这是第十章。

"匪面命之，言提其耳。"提取凝缩为"耳提面命"，不管是本义还是成语的喻义都透着一种认真、正式、诚心教导的情义。在当代教育中，只要言辞诚恳，分析、建议或规劝切中要害，直接指导，都可以用耳提面命这个成语。能够耳提面命的人是费了心思的人，不是打哈哈的人，是出于真心的关心、爱护和重视。当然耳提面命的时候有可能说的话比较直接，只要明白忠言逆耳利于行的道理，和谐的教与学的关系就能经得起考验。

耳提面命

形容严肃而恳切地教诲。

例句：我永远不会忘记老师对我~的情景。

五
教学身子要正

有句俗话叫作"身正不怕影子斜",教与学的关系有时候也需要这股子身正的劲儿来维系,用成语来说就是抗颜为师。

kàng　yán　wèi　shī

抗 颜 为 师

抗颜,就是不看别人脸色,态度严正不屈;为师,就是为人师表。不为他人所制约,不为潮流所左右,这种意志坚定的人可以作为学习的榜样。这个成语出自唐代柳宗元的《答韦中立论师道书》:

> 独韩愈奋不顾流俗,犯笑侮,收召后学,作《师说》,因抗颜而为师。世果群怪聚骂,指目牵引,而增与为言辞。

意思是自魏、晋以来，人们越来越不尊奉老师。在唐代，没听说还有老师；如果有，人们就会哗然讥笑他，把他看作狂人。只有韩愈奋然不顾时俗，冒着被人们嘲笑侮辱的风险，招收后辈学生，写作《师说》，就严正不屈地当起老师来。世人果然都感到惊怪，相聚咒骂，对他指指点点使眼色，拉拉扯扯相互示意，而且大肆渲染地编造谣言来攻击他。韩愈因此得到了狂人的名声。

柳宗元谪居永州时，中唐古文运动正在蓬勃开展，他以卓越的创作实践和丰富的理论建树，为古文运动的发展做出了巨大贡献，成为古文运动的实际领导者之一。元和八年（813年），韦中立写信向柳宗元求教文论之道，他就写了这封著名的论文书。

韩愈的《师说》也体现了当时教与学的紧张关系，《师说》可以说是一篇声讨时弊的檄文。时代不同，世风有变，春秋战国时期，学风甚浓，"老师"很多，孟子都说"人们的毛病，在于喜欢充当别人的老师（人之患在好为人师）"，想拜到好老师需要甄别才行。到了唐代，一方面科举成型了，另一方面教与学的关系却被扭曲了，这时候，韩愈的抗颜为师就更显得珍贵。

抗颜为师

不为他人所制约,不为潮流所左右,这种意志坚定的人可以作为学习的榜样。

例句:韩愈不顾流俗~,传道授业解惑,为后人称赞。

世人皆醉我独醒,留诗清风洒人间。

六

教学逻辑要明

教与学之间只要有密切的逻辑关联,就会形成良性互动态势。更重要的是,教学还要按照自然认知的规律来展开,或者叫作教育规律,反映这种规律的成语不少,青出于蓝就是一个,这里要说的成语是车在马前。

这个成语比喻学习任何事物,只要有人指导,就容易学会。《礼记·学记》上说:

> 良冶之子,必学为裘。良弓之子,必学为箕。始驾马者反之,车在马前。君子察于此三者,可以有志于学矣。

说的是优秀铁匠的子弟，一定会学好缀皮为裘的本领。优秀制弓匠的子弟，一定会学好编柳箕的本领。刚开始学驾车的小马，一定要先把它系在车的后面，让它跟在老马后面观察学习一段时间。君子如果能够认真观察这三件事，就可以树立起学习的信心。

　　前两句话中所涉及的四种工作虽然表面上毫无关系，但由于"两两"的工作原理相同，这样就使这"两两"的工作有了必然的联系。铁匠的工作主要是为了铸造或修补金属器物，需要把铁烧软甚至烧化便于加工，我见过补锅，用烧红了的铁去把破损的器皿补拼如新，与把零碎的兽皮拼凑起来制皮裘的道理是一样的。同理，制造弓弩的功夫在于把木料按要求折弯，而做簸箕的活计需要把细枝条折弯，两者的技术基本功夫也类似。大马拖车在前，马驹系在车后，这样，可使小马慢慢地学拉车。这三件事的共同道理是，做事情必须循序渐进，先练好基本功，一步一个脚印地向前进，直至达到目的。

　　这一段话凝结成了两个成语：为裘为箕和车在马前，它们的共同喻义是可模仿的环境能熏陶人，可模仿的前辈就是老师。为裘为箕因为是人的活动，所以又发展出子承父业的喻义。这里的教与学的逻辑关系建立在认知规律上，道理为人熟知，教与学的关系自然天成。

以上成语虽说反映的是教与学的问题，但可以看到，这一组成语在教与学的双方当中，对施教者的要求更明确。现在学校讲教学改革，强调学生是主体，教师是主导。它反映出在社会团体的各种双边关系中，责任方更需要完善自我。比如，我们比较多地说"身为教师"，较少说"身为学生"；较多地说"身为经理"，较少说"身为员工"；较多地说"身为父母"，较少说"身为儿子"；较多地说"身为中国人"，较少说"身为外国人"。

为什么说教师这一方要谦虚，要心态好？其一，教师一方容易被误认为可以高枕无忧了，但其实学海无涯、学无止境也一定适合教师，教师谦虚、心态好就能随时站在学习的立场，能发现值得自己学习的老师。其二，谦虚有助于帮助教师克服不当的思维惯性，看到事物的本质，以利于更加服众。关于这一点，最后再说一个孔子的故事。孔子让颜回做饭，看到颜回从锅里抓出一把米饭送入口中，到颜回请孔子吃饭时，孔子假装说："我刚刚梦见了父亲。我想用这干净的米饭来祭祀他。"颜回连忙说："不行，不行，这饭不干净，刚才烧饭时有些烟尘掉到锅里，我觉得弃之可惜，便抓出来吃掉了。"孔子这才知道颜回并没有偷吃，心中不由感慨万分，便对弟子们说："我们相信自己的眼睛，以为眼睛看到的就是事实，但眼睛不一定可信；我们依靠自己的内心，以为内心的判断一定正确，但内心不一定可靠。你们一定要记住，了解一个人实在不容易啊！"

车在马前

比喻学习任何事物,只要有人指导,就容易学会。

例句:~,有老师教就不怕学不会。

有了师父带,小白变"黑带"。

第四篇

乐在其中浑不觉

学习是一个获得知识的行为过程,这个过程是需要一点精神的,"勤奋"就是在学习过程中非常重要的精神。勤奋的人不会灰心丧气、半途而废,他们会锲而不舍、意志坚强。

一
孜孜不倦的夜晚

先说两个熬夜读书的成语,一个是囊萤映雪。

汉语成语绝大多数里面只有一个故事,但这个成语是一箭双雕的,里面有两个故事。在《三字经》里面是两句话:

如囊萤,如映雪。家虽贫,学不辍。

囊萤,说的是晋代南平人车胤,字武子,这个人从小就非常好学,不知疲倦,当时南平太守也就是相当于今天的南平市长跟车胤的父亲说:"你这个儿子不得了,会很有出息,要

好好培养。"但车胤小时候家境不好,一贫如洗,除了维持生计,家里无法为他提供良好的学习条件。读书人没有晚上不挑灯夜读的,可是车胤家没有钱买灯油满足他晚上继续读书的需求,他只能充分利用白天学习,晚上回顾背诵一下白天学过的东西。有一个夏天的晚上,他正在院子里背一篇文章,看见很多萤火虫在低空飞舞,一闪一闪的光点,在黑暗中显得有些耀眼。这引发了他的灵感,他想,如果把这些萤火虫集中在一起,不就成为一盏灯了吗?于是就找了一只白绢口袋,抓了几十只萤火虫放到里面,再把袋口扎紧吊起来。这当然比不得现在的电灯,也不如油灯那么亮,但可以勉强用来看书了。从此,只要有萤火虫,他就去抓一把来当作灯用。在这样的环境下,车胤成长得很好,风姿美妙,聪明机灵,敏捷有智慧,博学多通,在乡邻之间很有声望。车胤为官之后仍以寒素博学知名于世,每有盛大聚会,如果车胤不在场,参与者都说"无车公不乐"。后来车胤官做到吏部尚书,相当于今天的组织部部长,仍然刚正不阿、任劳任怨。车胤囊萤读书成为一个美丽的传说流传至今,湖南津市新洲有囊萤台、武子宅基、武子墓,地名有车溪、车渚村,安乡还有车公山、车公亭、车公桥、车家铺。

映雪,说的也是晋代读书人的故事,这个人叫孙康,晋代京兆(今河南洛阳)人,有的人溯源孙氏一姓,认为他是赫赫有名的军事家兵圣孙武的第31代后人。孙康的爷爷孙放还是晋

囊萤映雪

形容家境贫穷，仍勤奋好学。

例句：古人~、悬梁刺股、凿壁偷光，只为读书。

代的学者，到父亲孙秉那一代就不行了，家境贫寒到没有钱买灯油。虽然孙康好学，但晚上不能看书，只能早早睡觉。实在没有办法，只好白天多看书，晚上睡在床上默诵。他觉得让时间这样白白跑掉，非常可惜。一天半夜，他从睡梦中醒来，把头侧向窗户时，发现窗缝里透进一丝光亮。原来，那是大雪映出来的光亮，他站在院子里欣赏银装素裹的雪景，忽然心中一动：这雪光能不能用来把书照亮呢？他急急忙忙跑回到屋里，拿出书来对着雪地的反光一看，果然字迹清楚，可以利用它来看书。于是他困意顿失，立即穿好衣服，取出书来到屋外，不顾寒冷地看起书来，手脚冻僵了，就起身跑一跑，同时搓搓手。此后，每逢有雪的晚上，他就不放过这个好机会，孜孜不倦地读书，他的学识突飞猛进，最终成为饱学之士。后来，孙康官至御史大夫。映雪读书的故事流传下来，孙康本人更是成为世人发奋读书的典范。孙康后人为了激励子孙发奋读书，立志成才，以"映雪"为堂号，孙康为孙氏映雪堂始祖。

另一个熬夜读书的成语是焚膏继晷。

焚膏继晷

这个成语用现在的话说,就是晚上点上灯接着白天的学习,夜以继日。膏:油脂,指灯烛;继:继续,接替;晷:日光。点上油灯,接续日光,形容勤奋地工作或读书。这个成语出自韩愈的《进学解》:

焚膏油以继晷,恒兀兀以穷年。

说的是韩愈夜以继日地学习,常常终年劳累。兀兀:勤奋刻苦的样子。这句话在《进学解》里是在一个跟随韩愈多年的学生质问韩愈这么执着地学习有什么用时提到的。这种描写假托生徒之口,实际上也是韩愈一生求学上进的写照。我们都知道韩愈是唐宋八大家之一,是唐古文运动的领袖,但其实他是"高考落榜生"。

韩愈三岁时父亲便去世,由哥哥抚养成人,十岁时,哥哥也病死了,跟着嫂子从原籍河南搬到了江南宣州,在困苦与颠沛流离中度日,25岁时嫂子去世。韩愈自念是孤儿,从小便刻苦读书,无须别人嘉许勉励。19岁时参加科举考试,连考三次

都没考上,24岁终于考取了进士。唐代与宋代不同,宋代考取进士就可以直接封官任职了,唐代考了进士只是获得了任职资格,想要稳妥任职还要参加吏部的铨选(量才授官的选拔)考试。铨选考试有各种选考科目,比如博学宏词、书判拔萃、三礼、三史、三传、五经、九经、开元礼、明习律令等,这里面博学宏词是最重要、最难考、作用最大的。顾名思义,博学宏词指既要有渊博精深的学识,又要有优美恢宏的文辞。韩愈有四次考进士的经验,认为博学宏词的科目考试与进士科考试内容没有多大差别,也去考,结果考了几次都没考过,最后靠投身为幕僚的方式跻身为官。我们单从这么多次的重大考试不利,就可以想象他焚膏继晷、兀兀以穷年的状况了。他通六经百家之学,满腹韬略,才学好,但好为人师,不太受人待见,在仕途中浮沉不定,一直保持焚膏继晷的精神,一直在为理想奔走呼号。他的《进学解》是他在长安任国子博士(国子监的高级教官)教授生徒的时候写的,用问答的方式来解说学生应该刻苦学习以进学。首先告诉学生,社会是需要人才的,国家是注重选拔和造就人才的,各位同学只要在"业"和"行"两方面刻苦努力,便不愁不被录用,无须担忧用人部门不明不公。"业"就是学业,就是读书、作文;"行"就是为人行事,就是品行。韩愈始终念念不忘学业的重要,执着地把学业当作立身处世之大端。话都还没说完,就有一位学生质疑说:"老师,我追随您多年,看到您精通六艺,每天还是手不释卷,连

焚膏继晷

点上灯烛以接替日光,形容夜以继日。

例句:他的成功因素不在于天赋条件,而是那股~的向学精神。

古人焚膏继晷搞学习,
今人焚膏继晷玩手机。

夜晚都点灯来读书，总是整年整年地劳累着。结果却并没有得到您想要的重用，生活仍然困苦不堪，在丰收之年家里还缺粮食。您业精行成却混成这样，为何还要求我们专心学业呢？"韩愈让这个学生来到他跟前，说："孟子、荀子这样的大儒圣人也不是没有坎坷遭遇，老师勤劳，言论不少，但不切合要旨，有修养但还不够突出，每月拿着国家的俸钱，只是吃着安稳饭，已经很幸运了；老师被人毁谤时，传授古文的名声也跟着大了起来。被放置在闲散的位置上，实在是恰如其分的。"

二
手不释卷的白天

下面是两个描绘白天勤奋学习的成语。

牛角挂书

这个成语很好理解,就是把书挂在牛角上。牛角挂书和囊萤映雪一样有一种画面感,你的脑海里有什么样的画面呢?是放牛娃骑牛上学挂着书包,还是集市上书挂在牛角上出售?这个成语是由李密的故事沿用下来的,中国古代有两个有名的"李密",一个是西晋的李密,他因《陈情表》的文学价值而闻名,另一个是我们要说的隋末的李密,他是当时瓦岗军的首领,年轻的时候读书勤奋。《新唐书·李密传》上说:

闻包恺在缑（gōu）山，往从之。以蒲鞯乘牛，挂《汉书》一帙角上，行且读。

这是一幅骑牛读书图，李密听说包恺（kǎi）在缑山就要去缑山拜师，他坐在牛背上面的蒲垫上，在牛角上挂一函《汉书》，一边骑行一边阅读。

如果不是隋炀帝开除李密，就不会有这个乘牛读书的故事了。李密家世代都是贵族，并因此被安排在朝廷工作，当了皇家侍卫。他这个人生性灵活，额头尖眼角方，眼瞳黑白分明，在当值的时候左顾右盼。隋炀帝杨广感觉到他目光逼人，就问开国元勋宇文述："左边仪卫下面那个黑小子是谁？"宇文述说："是蒲山公李宽的儿子李密。"隋炀帝说："这个小子四顾张望的神色不同一般，不能让他做卫士。"隋炀帝要开除李密，宇文述就去办理，因为李密是贵族子弟，又没有犯错，不好硬生生开除，宇文述就跟李密说："你们家中一向显贵，你也应当凭自己的才学扬名，不必委屈自己，满足于当个皇家侍卫。"李密听后十分高兴，于是自称有病离开了宫廷，发奋读书。这才有了牛角挂书的故事。当时有个名人包恺，四书五经烂熟于胸，曾在国子监任国子助教。那时社会名流崇尚研读《汉书》，在众多的学者中，包恺被称为宗匠，名气很大，在洛阳缑山收徒讲学，门人数千。李密于是准备前往拜他为师。李密虽说是贵族子弟，但到他这个时候已经家道中落了，没

牛角挂书

比喻读书勤奋。

例句：他平时手不释卷，真有一股~的精神。

我就收获了一个移动书橱。
关于学习的事情，一分钟都不能浪费。

有马,更没有马车供他乘坐,他就用一个蒲草垫子放在牛背上面,在牛角挂上一函《汉书》,骑牛上路了,牛悠悠然然地走,李密就在牛背上读书。这情景引起了策马赶路的越国公杨素的注意,杨素勒紧马缰慢慢地在他后面跟了一段路观察他,然后上来搭话说:"是哪个书生这么用功啊?"李密认识杨素,连忙从牛背上下来行礼。杨素问李密读的是什么,李密说:"我在读项羽传。"杨素于是与李密交谈,李密谈吐不俗,深深吸引了杨素。杨素回家后对儿子杨玄感说:"我看李密这孩子的学识、才能,比你们几个兄弟强多了。将来你们有什么紧要的事,可以找他商量。"李密也就成了杨玄感的挚友。隋炀帝暴虐,大业九年(613年)李密参与杨玄感起兵反隋。杨玄感兵败被杀,李密逃亡,后加入瓦岗军,人称魏王。李密发布讨伐隋炀帝的檄文,数说杨广的十大罪状。其中有"罄南山之竹,书罪未穷;决东海之波,流恶难尽"的话。意思是,用尽南山的竹子作竹简也写不完隋炀帝的罪行,决开东海的水也洗不尽隋炀帝的罪恶,为后世留下了"罄竹难书"的成语。

　　唐代大诗人杜甫有句诗说"读书破万卷,下笔如有神",这种读书破万卷的功夫,早在春秋战国的时代就得到具体描述,并在后来凝练为成语韦编三绝。

掌握这个成语,第一要解字,第二要解事。

先看解字。这个成语的字眼关键在于"韦"。"韦"过去写作"韋",古代篆书的写法是𩰬,《说文解字》上说:"𩰬,相背也。从舛(chuǎn)囗声。"这里的"囗"读作wéi,古代与"围"相同。"舛"是什么?它像两只方向相反的脚𣥂,合起来表示相对、相违背的意思,后引申为脚对着脚而卧,仍然是违背的意思。后来假借为皮韦,也就是熟皮,是经去毛加工制成的柔皮。古代熟皮曰韦,生皮曰革。

再来解事。"韦编三绝"说的是孔子勤读《周易》的故事,出自《史记·孔子世家》:

> 孔子晚而喜易……读易,韦编三绝。曰:"假我数年,若是,我于《易》则彬彬矣。"

春秋时期主要是以竹子为材料来写书,把竹子破成一根根竹签,称为竹"简",用火烘干后在上面写字。竹简有一定的长度和宽度,一根竹简只能写一行字,每行多则几十个字,

少则八九个字。一部书要用许多竹简,这些竹简必须用牢固的绳子按次序编连起来才便于阅读。通常,用丝线编连的叫"丝编",用麻绳编连的叫"绳编",用熟牛皮绳编连的叫"韦编",其中以熟牛皮绳编连的最为结实。像《周易》这样的书相当重,当然是由许许多多竹简通过熟牛皮绳编连起来的。

孔子晚年喜欢读《周易》,花了很大的精力,全部读了一遍,做了很多附注工作,基本上了解了它的内容。不久又读第二遍,掌握了它的基本要点。接着,他又读第三遍,对其中的精神、实质有了透彻的理解。在这以后,为了深入研究这部书,又为了给弟子讲解,他不知翻开来又卷回去地阅读了多少遍。这样读来读去,把串联竹简的牛皮带子也给磨断了几次,不得不多次换上新的再使用。读《周易》读到了这样的地步,孔子还谦虚地说:"假如让我多活几年,我就可以完全掌握《周易》的文与质了。"

以上四个成语是勤奋学习的代表,相同的勤奋意蕴有着不同的让人感佩的精彩故事。从这些成语中我们不但可以还原古人勤奋学习的榜样形象,感悟勤奋精神,还可以启发我们思考三个问题,这在大力推动全民阅读的今天尤其重要。

第一,苦乐相伴。很多人都说读书苦,这几个成语说的是勤奋读书,勤奋其实有两个意思,一个意思就是主人翁在吃苦,另一个意思是夸奖、表扬他们不怕苦。那么为什么他们不怕苦呢?因为其实也没那么苦。苦是相对的,囊萤映雪的过程不好受，但却有获得知识、解决问题的结果，让人喜悦；韦编三绝是一种苦苦的探求，但每次都有心得，都可以跟学生讲通讲深一个知识盲点，这种喜悦完全能够抵消之前的辛苦。苦读有得，这样反复循环就会让人求知若渴，以苦为乐，也就是把求知当作追求的时候，是不觉得辛苦的，有时甚至是快乐的。有句话叫"习惯成自然"，这些成语有一个共同特点，那就是勤奋已经成为习惯，习惯使得人乐在其中浑不觉。习惯读书其实就是一种快乐的感觉，已经养成读书习惯的人，如果不让他读书或者他不能读书，那是很不习惯、很苦的一件事。就像我们现在"手机族"太多了，有的人手握手机已经成为一种习惯，有手机就有快乐，一旦手机死机了、坏了、停机了，一种苦的滋味就会涌上心头，因为习惯被破坏了。

第二，学求甚解。勤奋学习与求甚解是分不开的，学求甚解指读书不要满足于对皮毛的了解，要深入到书的本质，真正理解它。这一篇讲解的几个成语的主人公，都是在求甚解的道路上前行，尤其是孔子，他读《周易》已经读到韦编三绝的地步了，还说如果再活几年，自己对它的了解才能与书中的文质相配。现代生活节奏很快，我们难以真正像孔子那样去读一本书，手头的书也已经不再是笨重的竹简了，甚至连纸质书都越来越少，取而代之的是电子书。我们已经进入了读屏时代，但如果丢失了对阅读"甚解"的追求，我们就很可能变得被动，敏感性和辨识度减弱，变得漠然、盲从。

韦编三绝

编串竹简的牛皮断了多次,形容读书勤奋。

例句:我们读书如果能做到~,就一定会取得很大进步。

第三,学无止境。勤奋学习的人一定是与时俱进不会停止学习的,如果车胤、孙康、李密、韩愈、孔子达到目的就停止了学习,他们就不会成为成语中的榜样流传至今。学无止境指学习是没有尽头的,孔子虽然是当时社会上最博学的人之一,但他没有居高自傲,而是活到老学到老。也许你会想起另一个成语"半部论语",这个成语说赵普靠着半部论语就辅助君王治天下,好像不是学无止境。其实他把论语里的每一篇每一则都挖掘发挥到了极致。总之,建立了学无止境的观念,有利于培养阅读和主动学习的习惯,一旦养成了学习的习惯,就会不怕麻烦,不为身边杂事所累,同时也能自动吸收新知识,适应新的变化,能与时俱进,永远不落伍。现代社会追求知识"学到老,用到老",探求知识的最高境界,一个没有良好学习修养的人很难在社会上立足。现代社会之所以是文明社会,在很大程度上是人们对知识的不断探索、了解、创新起了重要作用。

有道是:书山有路勤为径,学海无涯苦作舟。勤奋是一张让人信得过的社会通行证。

第五篇 恶习起时能自讼

俗话说，学好三年，学坏三天。这说的是难与易的关系，学坏可以不计后果，所以比较容易；学好难，因为要警惕各种诱惑：财富的、安逸的；要克服各种困难：生活的、思想的。推而论之，一般情况下，什么都不做很容易，想要做点儿事难；学皮毛容易，学真知灼见难；学一天容易，学一辈子难；率性容易，谦虚难。在学习这件事情里面有很多难和易的关系，容易的事情有的是可以做的，但做容易的事情有时会让自己养成懒惰的不良习惯。下面我们来学习与这五易五难中因选择"易"而染上不良习惯的成语。

自讼一：困而不学与迎难而上

kùn ér bù xué
困 而 不 学

这个成语很容易理解，困，就是困惑、不明白。困惑不明白却不肯学习，说的是一种惰性现象。这个成语出自孔子的话语，见《论语·季氏》。

> 生而知之者，上也；学而知之者，次也；困而学之，又其次也；困而不学，民斯为下矣。

孔子认为人可以分为四个层次，生来就知道的人，是天才，不学就能知道，这是最上一层次的人；经过学习以后知道，学了之后能去解决很多问题，这是第二层次的人；平时不

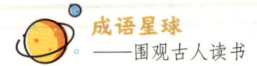

怎么学，但遇到困难、疑惑、不解的东西赶快去学习，去求解，这是第三层次的人；遇到困难还不学习，难就难吧我也懒得学，这种人就是最下一个层次的人了。

　　问你一个问题，"学还是不学？"你会觉得这太简单了，当然要学。其实，做选择题的时候是容易的，当你在做应用题的时候，也就是需要学、遇到问题需要去解决的时候，可能会出现"困而不学"的心理状态，可能会回避问题。所以，在学或者不学中，"学"会遇到问题，应该想办法通过学习，通过一定的途径去解决"学"所遇到的问题。如果遇到问题不去解决，我们就可能失去一些了解事物本质的机会，甚至有可能失去人生目标，或者你的人生就啥问题也解决不了。

　　孔子的这段话是用来教育警醒学生的。孔子的意思是：天才那种生而知之级别的人他是没见到过的，为什么？后代人都说孔子本身就是天才，但孔子不这么看，因为他的那些知识不是脑子里现成的东西，而都是他勤奋学来的，所以他说生而知之的人他没见过。孔子希望弟子做第二种人，先要求学，把学问做好，做好学问遇到问题就能迎刃而解了，不要等遇到困难再去学习。不过，实在没有办法的时候，做第三种人也行，困而学之还是会成为圣贤的。千万不要做第四种人，困而不学，那就没有希望了。显然，困而不学就是一种恶习。孔子是春秋时期鲁国人，主张施仁政、讲礼仪，但就当时的形势而言，他是秀才遇上了兵。他的礼仪道德的主张就是"秀才"，可是春秋战国是争地盘的好战时期，大局上，君王首先考虑的是怎样打赢的问题，不是进行内部建设的问题，孔子的政治主张没有得到实现的机会。他先是在鲁国政坛受排挤，于是带领弟子们周游列国，相当于游学，一方面走到哪里教到哪里学到哪里，另一方面把自己的主张向所在的诸侯国去陈说。在卫、郑、陈、晋等地碰壁后，孔子在蔡国闲居，教育弟子时讲了这一段话，其中的"困而不学"凝结为具有警示作用的成语。

孔子的这个教学故事告诉我们：人的认知层次是由学习的主动性来决定的。生而知之者并不存在，众人眼中的天才其实都是后天正确学习的结果，在没变成天才之前付出了无数的精力和时间做大量的练习。人们看到的只是天才已经变成天才的样子，而忽略了他们背后付出的努力。所以，如果一个人想变成天才，必须付出足够多的时间进行刻意练习。没有捷径可走，只有这一条路。

困而不学

困惑不明白却不肯学习。

例句：~，终于不知，斯为下尔。

二
自讼二:群起效尤与择善而学

　　这个成语的语义重点是"效尤",效,即仿效,效法。尤,不是现在"尤为"的"尤"(特别的意思)。"尤"这个字有个竖弯钩,读"乙",是个象形符号,表明正在生长的事物受到阻碍就长歪了,成为特别的东西。长歪了就是长得不对,"效尤"的尤是指不好、不对的东西,即过失。"效尤"就是大家都来学做坏事,这真是一个恶习。"效尤"的故事来自《左传·庄公二十一年》:

　　郑伯效尤,其亦将有咎。

　　这句话说得很简单,郑伯正在效尤呢,他也将会咎由自取。郑伯就是郑厉公,他效的什么尤呢?春秋时期,周惠王即位,有五个大夫与周惠王的异母弟弟王子颓勾结在一起,犯上作乱,横行不法,周惠王决定打击其嚣张气焰。他采用的措施是:夺了果园为王室的苑囿,把私宅划归为王室使用,强行收割他们的庄稼,这些强硬举措引起大夫们的强烈不满,怀恨在心。周惠王即位第二年秋天,五大夫率兵攻打惠王,占领王城,立王子颓为王。周惠王被叔父王子颓赶走后,向郑厉公求助,郑厉公出面调解王室纠纷,斡旋没有成功。王子颓占据王城后,志得意满,尽情享乐。为感谢五大夫,他设享礼招待,用黄帝、尧、舜、禹、汤、周武王六代的所有乐、舞招待他们,有黄帝的《云门》《大卷》,尧的《大咸》,舜的《大韶》,禹的《大夏》,汤的《大濩(hù)》,周武王的《大武》。郑厉公听闻此事,就去见虢(guó)叔,说:"我听说,悲哀或者高兴,若不是时候,灾祸一定会到来。现在王子颓观赏歌舞而不知疲倦,他真的是不知道什么时候该高兴、什么时候该悲哀,他这是把该当作祸患的事情当作一件高兴的事情来做。他把周惠王赶跑这件事是祸害最大的事,居然能够用歌舞升平的方式来放肆地渲染它,一片欢腾,这个时候其实是他应该悲哀和忧患的时候,他不这样,这是不对的。提议帮天子复位。"虢叔很认同郑厉公的观点,说:"我也是这么看的。"于是,周惠王四年(公元前673年)春,开始布兵,召集诸侯在弭地待命。夏季,一起进攻周朝都城。郑厉公拥着周惠王从南边的圉门入城,虢叔从北门入城,杀了王子颓和五个大夫,周惠王得以复位。至此,历时三年的子颓之乱宣告结束。勤王功成,周惠王要奖励郑厉公,将虎牢以东的土地赐给郑厉公,郑厉公得到这么多城池十分开心,忘乎所以,为表达自己的谢意,便在宫门外大摆答谢酒宴为周惠王庆贺,并花费巨资找来国中最好的官伶乐师唱戏奏乐,为周惠王助兴,一连多日之后,郑厉公才意犹未尽地返回郑国。另一个周大夫原伯见郑厉公用六代乐舞,觉得他的做法与王子颓前度所为如出一辙,说:"郑伯当初指责王子颓贪图享乐,而他自己如今却有样学样(郑伯效尤),看来郑伯也不会太长久了。"意思是说郑厉公仿效别人的错误,他也将遭祸。过了一个月,公元前673年5月,郑厉公果然去世了。这就是春秋史上著名的"五大夫之乱"典故,也被称为"子颓之乱"。这个"效尤"的故事产生了两个成语,一个是"以儆效尤",就是用来告诫人们不要去学不好的东西;另一个是"群起效尤",本来就不好,大家都去学,就是非常糟糕的习惯了。

这个成语告诉我们,学习的时候要学好的,不学不好的。头脑中先要有什么是好的、什么是不好的这样的概念,然后达到从品味到品位的目的。品味,就是要有一个体验的品鉴的过程,从而提高识别能力、分析能力,最后形成一个比较高的品位。这就是成语"群起效尤"提醒我们应该有的一种态度,学好,就是要提升自己的鉴别能力,否则,人云亦云,没有思想,那样效仿的是不好的东西,社会就无法进步。

群起效尤

大家一起向坏的学习。

例句：这些不良作风应该煞住，以免~。

开始以为他是来搞笑的，

结果他们都是来搞笑的。

三
自讼三：汉人煮箦与科学逻辑

这个成语用来讽喻仅靠肤浅的知识去生搬硬套而不认真学习真知的荒唐行为，是恶习的一种。这里的"汉人"不是指汉族人，而是指住在汉中地区的人，在今陕西省。箦，即席子，这里指竹席子。这个成语来自《笑林》的一个故事，它说的是我们在看一件事物的时候不要只看表象，而要切入到里面的真实情况。学习不是肤浅的，肤浅的学习会闹笑话，我们看看原文，出自三国·魏·邯郸淳《笑林》：

> 汉人有适吴，吴人设笋，问是何物，语曰："竹也。"归，煮其床箦而不熟，乃谓其妻曰：吴人辘轳（lì lǘ），欺

我如此!

说的是汉地有一个人到吴地去,用现在的话来说就是有一个北方人到南方去,南方盛产竹笋而北方没有,看到朋友来了,南方的吴地人就煮竹笋来招待他。他觉得很好吃,但不知道所吃的是什么,就问吴地人这是什么东西,吴地人告诉他:"这是竹子。"他很高兴,因为虽然没有吃过,但家里就有这个东西,回去以后可以煮来吃,等他回到家里,便把床上垫的竹席拿去煮,奇怪的是怎么煮也煮不熟,不能吃,很是纳闷,继而生气。于是他对妻子说:"这吴地人真坏啊,居然告诉我那吃的东西是竹子,这么欺骗我耍我。"

这个成语告诉我们,学习一件事物,不要只看名义上是什么,还要看名义里面所包含的内容是什么。竹笋是美味,它的确是竹子。但是,并不是所有的竹子都能成为餐桌上的佳肴。这个"竹子"是全称,它包括嫩竹子、成年竹子、老竹子,作为竹笋的竹子指的是"婴儿"竹,不是指成年竹子,没搞清楚情况,没搞清楚里面的内容,就要多问一句,否则就会出笑话。这个汉人听了片言只语,而不求甚解,想煮席子吃,真可笑而又荒唐。世界上真正煮竹席子吃的人,恐怕是没有的,然而,遇到事情不动脑子,并不加以考虑而闹出笑话的人恐怕就不在少数了。

汉人煮箦

比喻仅靠肤浅的知识去生搬硬套,而不认真学习真知的荒唐行为。

例句:学知识要认真,切不可闹出~的笑话。

"汉人煮箦"这个成语也是说学习当中不好的一种表现和习惯,如果都这么去学习,那学到的都是假的,没有学到真的本事。究竟怎样才能学到本事呢?

第一,要靠科学。第二,要靠逻辑。

所谓科学,就是事物本身客观的现实。我们说到"科学"的时候可能先想到的是从事科学研究、科学家这样的"科学",但在我们学本事的过程中,尊重客观事实本身就是"科学",如果我们张冠李戴,那就是不科学,学不到东西。

所谓逻辑,就是事情和事情之间的关系。事与事之间有一些义理,有一些联系,要分清楚。这里说的义理就是事物内在的逻辑,是真正的因果联系,如果我们只注意表面现象,把片面猜测当作逻辑,就会像汉人煮箦那样学偏、走偏。

四

自讼四：一曝十寒与持之以恒

一曝十寒

这是大家很熟悉的成语，字面意思是晒一次然后寒十次，晒一天冻十天。即使是最容易生长的植物，晒一天，冻十天，也不可能生长。比喻学习或工作一时勤奋，一时懒散，没有恒心。一曝十寒是从《孟子·告子上》凝练而来的。

> 虽有天下易生之物也，一日暴之，十日寒之，未有能生者也。

这段话是孟子说的，他为什么要这样说呢？当时是战国时期，齐宣王昏庸无能，常被朝中的奸人利用。当时有人怪齐宣

王不明智，而孟子游历到齐国是可以辅佐的，但没有出力辅佐，孟子因此而作解释，表示他对齐宣王也无能为力。孟子认为齐宣王并不是不聪明，而是没有受到好的熏陶。"齐宣王不明智，是很容易理解的。打个比方，如果有一种天下最容易生长的植物，你晒它一天，又冻它十天，它也是不可能生长的。我虽然能见大王，但我并不能常在他身边，我和大王相见的时间太少了。我一离开大王，那些'冻'他的奸邪之人就去了，他即使有一点善良之心的萌芽也被奸人冻杀了。一个为王的，没有受好熏陶的环境，这是我所无能为力的。就好比下棋，作为一种技艺，下棋只是一种小技艺，一般人都能学会，但如果不专心致志地学习，也是学不会的。弈秋是全国闻名的下棋能手，如果让弈秋同时教两个人下棋，其中一个专心致志，只听弈秋的话；另一个虽然也在听，但心里面却老是觉得有天鹅要飞来，一心想着如何张弓搭箭去射击它。这个人虽然与专心致志的那个人一起学习，结果却比不上那个人。是因为他的智力不如那个人吗？当然不是。"孟子用比喻的方式说明良人和奸人见齐宣王次数带来的熏陶的影响，自己见齐宣王一次，十个奸人就等于见了十次，五个奸人每人见两次也等于见了十次。自己对齐宣王进一言，就有奸人进十言，君王自己沉不下心好好学习，总是三心二意，所以即使君王再聪明，也是无法不被奸人利用的。

从这个故事可以看到，一曝十寒本来是说的外因条件，外

一曝十寒

晒一天，冻十天。比喻做事没有恒心。

例句：~和三心二意，都是不可取的学习态度。

贵有恒，何必三更起五更眠；
最无益，只怕一日曝十日寒。

部条件造成的环境导致齐宣王不明智,但后来这个成语指的是每一个个体自己在做事时的一种态度或状态,转而变成主观的学习表现,勤奋的时候少,懈怠的时候多,没有恒心,这样的态度完成不了学业,做不好事情。现在,它与"三天打鱼两天晒网"同义,是指坏习惯的成语。

学习不能用这样的方式,否则就是放弃了成功的机会,就是以不计后果为代价。任何有目的的学习都需要有持续不断的精神,有毅力,坚持学习,最后实现目标。

五

自讼五：恃才傲物与成功初心

shì cái ào wù

恃 才 傲 物

这个成语也很常用，恃，是依靠、凭借；物，在这里指人，指公众。意思是仗着自己有才能，看不起人。看不起人当然是坏习惯。

南北朝有一个人最后得到了一个评语，这个评语出自《南史·萧子显传》：

> 恃才傲物，宜谥曰骄。

意思是，这个人是个恃才傲物的人，如果要给他一个谥号的话，可以取名为"骄"。这个故事说的是南朝时期的梁国一

个叫萧子显的故事，他是齐武帝的侄子，从小聪慧过人，文思敏捷，历任官国子祭酒、侍中，迁吏部尚书。在任梁国国子博士时，把梁武帝写的《经义》作太学的教材授课。他写成《后汉书》100卷，《齐史》60卷。由于他学问很好，是才华横溢的一个青年，得到了很多人的肯定，尤其得到了名家的推崇，而且皇帝非常敬重他，他就觉得自己是天下第一，很少有他看得上的人。到了什么地步呢？平常见到各级官员打招呼，从不答言，只是举着扇子摇一摇而已。可是这个才华横溢的人寿命不长，49岁那年，不幸染病身亡，简文帝对他评价甚高，下令为他举哀。古代重要的人或者有地位的人死了要给一个谥号，这个谥好是用来盖棺定论、总结他的一生的特点。所以萧子显将要入葬时，他的家人向皇帝请求谥号，皇帝亲手写了上面那两句话，说这个人生前倚仗自己的才华看不起其他的人和事物，可以用一个"骄"字来形容。"恃才傲物"是梁简文帝对萧子显的评价，没有贬义，带有褒奖之意，偏重在其才学之高。后来这句话作为成语流传下来，则多用为贬义，批评不懂尊重人、不懂谦虚，偏重在自负其才而傲慢。

这个故事里的主人翁萧子显恃才傲物一辈子，并没有影响到他的仕途和生活，但另一个萧姓人物命运就不同了，他也是恃才傲物，却因此得罪了一个人，让自己的仕途从此止步不前。

唐朝有个文人名士叫萧颖士，他一生致力于散文创作，与另一著名散文家李华齐名,世称"萧李"。他们的创作、主张和实践,都可以看作是唐代古文运动的先驱。萧颖士是南朝梁宗室的后裔,世代都是官宦,因而有条件受到良好的教育。四岁能作文,十九岁考进士第一,为多位名士器重欣赏,名扬天下,从业学生众多,世称"萧夫子"。他由此自恃才华,傲慢无比,瞧不起人,认为没有人比得上他,做事也很随性。有一次,他奉命到民间搜括遗书,结果去了很久也不复命,最后被免官。免官后又求到另一职位,后因不肯屈事李林甫,再度被免官。他喜欢喝酒,经常带着一壶酒到野外去喝。有一天他偶然在一处旅店休息,自己喝酒吟诗。这天正赶上狂风暴雨突然降临,有一位穿紫衣的老人领着一个小孩到了他喝酒的旅店避雨。萧颖士看这老人很普通很散漫的样子,就非常放肆,出口不逊。很快风停雨住,云去天开,突然有车马来到,老人上了马,侍卫前呼后拥吆喝着,簇拥老人走了。萧颖士急忙打听这老人是什么人,有人告诉他说:"这是吏部王尚书。"这时萧颖士慌了,之前萧颖士曾经登门拜访过几次,但都未能见到王尚书,第一次见到尚书居然是这种情况。第二天,萧颖士准备了很长的信,到王尚书家里去谢罪。王尚书让人把萧颖士领到偏房的廊下,坐下来责备他,并说:"很遗憾你不是我的亲戚,如果你是我亲戚,我一定要在庭堂上好好地教训你。"停了一会儿又说:"你依仗着文学的才名,以至如此倨傲怠慢,就只能是个进士了吧?"萧颖士再也没有升职,最后死在扬州功曹

恃才傲物

仗恃自己的才能，看不起他人。

例句：小明很有才华，但~，大家都不喜欢他。

天外有天，人外有人。
不把别人放在眼里，
就是搬起石头砸自己的脚。

（州牧的属官）任上。

恃才傲物首先是情商不够，不懂得尊重他人。此外，恃才傲物的人通常会有一种惯性，这种惯性导致不分青红皂白，看起来神气，实际上对人对己都没有好处。

这个成语引导我们怎么看待成功。不管走到哪一步的成功，都应该谦虚，要有好的态度，要不忘初心。俗话说满招损谦受益，其实就是对无数个像萧颖士这样的人的一种总结和概括。中华文化的经典告诉我们应该如何持有自己的态度，只有保持谦虚而不恃才傲物，才能守住初心，才能知道天有多高、地有多厚，才能是一个永远都能够站住脚跟的人。

第六篇 好遵孟母三迁教

环境,是人类一个非常重要的概念,我们现在说宁要绿水青山,不要金山银山,绿水青山就是金山银山,这是强调自然环境的重要性。有时,我们在说生活环境的时候,这个环境可能指人文环境。人文环境对于学习而言非常重要,它也反映在中华成语里。

这一篇就说说跟人文环境相关的成语。

一
直觉试误选环境

mèng mǔ sān qiān
孟 母 三 迁

　　这个成语大家应该很熟悉，它是一个寻找目的地、寻找家庭环境的著名故事凝练成的成语。这个故事传颂了两千多年，经久不衰，很多文献都记载了这个故事，比较早的是西汉刘向的《列女传》，它是这样说的：

　　　邹孟轲之母也，号孟母。其舍近墓。孟子之少也，嬉游为墓间之事，踊跃筑埋。孟母曰："此非吾所以居处子也。"乃去，舍市傍。其嬉戏为贾人衒（xuàn）卖之事。孟母又曰："此非吾所以居处子也。"复徙，舍学宫之傍。其嬉游乃设俎（zǔ）豆揖让进退。孟母曰："真可以居吾子矣。"遂居之。

　　从这里可以看到孟轲与母亲的关系非常密切。孟轲母亲是鲁国邹邑人，孟轲是由她一手拉扯大的。孟轲小时候和其他小朋友一样贪玩不想事，小朋友玩的时候总是会有样学样的，见什么学什么，周围是什么样的条件就会相应地有什么样的玩法。孟轲家原来靠近墓地，周围的小朋友们嬉戏的时候总会做一些下葬哭丧一类的游戏，特别爱学造墓埋坟，小孟轲就参与其中。孟母看在眼里，很不满意，说："这里不该是我带着孩子住的地方啊！"于是领着孟轲离开这里，搬家到一个旁边是集市的地方安家住下。孟轲与那里的小朋友学着集市上那些商人说话的样子，玩起了"衒卖之事"。"衒"可以理解为王婆卖瓜自卖自夸，小朋友们在做讨价还价、夸口买卖那一类的游戏。孟母也不满意，又说："这里也不是我应该带着孩子住的地方啊！"于是再次搬迁，把家迁到了一个公学学校的旁边。在这个地方住下之后，小孟轲跟着小朋友模仿起在学校经常看到的情境，把祭祀礼仪、作揖逊让、进退法度这类仪礼活动当作玩耍的内容。孟母很高兴，说："这里才是真正适合我带着儿子居住的地方啊！"于是就定居在这里。孟轲在这里长大成人，后来也很顺利地学精了《易》《书》《诗》《礼》《乐》《春秋》等六艺的学问，最终成就了儒家大师的大名。后来的君子贤人都说孟母很善于利用环境渐染教化孩子。

　　有的人会问，为什么孟母没有一次就选好一个环境？干吗要搬那么多次？在当时的条件下，孟母不会有先验的环境效益的理论，但三迁反映出孟母有一种环境效应的直觉，这个直觉可以螺旋式上升，她知道权衡利弊，观察学习特点和结果，她其实是通过试误的方式来达到目的的。在每一个住地，孟母都不仅仅是居住，而是在体验孩子的学习特点，在思考嬉戏游乐的价值，每一次搬迁都在观察搬迁带来的结果。除了环境的直觉和试误，另一方面，孟母十分关心孩子的成长。孩子成长的价值取向不是一般的家长能做到的，为了更有效地培养孩子，她不怕麻烦，发现不对马上搬家，不厌其烦、反复搬迁，直至认为选对了地方、达到了目的为止。她是通过一次次的实践和体验来达到放弃过去、走向未来、优化居住价值的。

我们今天当然不能像孟母那样，想搬到哪里就搬到哪里，那个时候地很广，人也不像现在那么多，我们不能简单地用搬家来实现居住环境与学习紧密结合的改善。但是，现在城市里出现了新的现代三迁：上小学、上初中、上高中，有的人孩子在哪儿读书，家就迁到哪儿，或者就在哪儿租房子住，看起来也是在为学习营造环境，但这并非是营造学习环境，而主要是在计算时间成本，为学习营造环境与营造学习环境是有差别的。孟母迁居的学习环境是地理、人、事的综合，是大的人文环境。

有时候，人文环境有一样主要的因素就够了，那就是人。你身边是什么样的人，你就获得了一个什么样的人文环境。有的成语中的人文环境主要是由人烘托而成的。

孟母三迁

孟子的母亲为了给他创造良好的学习环境而三次搬迁住处。指贤母善于教子。

例句：~，为的是找一个称心如意的邻居。

孟母为什么要三迁？
因为近朱者赤，近墨者黑。

二
环境营造人当先

一傅众咻（yí fù zhòng xiū）

这里的"傅"，与"师傅"的"傅"是相通的，不过这里的"傅"不是名词而是动词，是教导的意思；"咻"，就是喋喋不休地说话、喧闹，对学习而言是一种干扰之声。这个成语的字面意思是，一个人教导，众人吵闹干扰。比喻学习的环境不好，干扰很大。这个成语来自《孟子·滕文公下》里的故事：

> 一齐人傅之，众楚人咻之，虽日挞而求其齐也，不可得矣。

《孟子》这本书中记载了孟子与一位叫戴不胜的士大夫之

间的对话。在这个故事中,战国时候的宋国有个戴不胜,他觉得宋国国君身边小人太多,就想了个办法,向国君推荐一个叫薛居周的贤德的人,因为他认为宋国国君身边如果有薛居州,宋国国君就不会被小人的谗言所迷惑了。他拿这个办法跑去跟孟子商量,孟子考虑了一下宋国当时的情况,认为这个推荐是不会奏效的,是没有意义的。为什么呢?孟子给戴不胜讲了一个学习语言的故事,用来打比方,他问戴不胜:"如果一个楚国的官员想让儿子学齐国话,那么你认为是找一个齐国老师来教好,还找个楚国老师来教好呢?"戴不胜说,不要那么麻烦,就直接找个齐国老师来教就行了。孟子说:"如果找个齐国老师来教他,身边很多楚国人闹闹腾腾地说楚国话干扰他,在这样的环境下,即使每天鞭打他要他说齐国话,也是不可能学好齐国话的。但是如果让他去齐国某个热闹的街市住上几年,就算没有老师教,由于身边都是说齐国话的,时间一长,他自然而然就学会齐国话了。那时,你再每天鞭打他要他说楚国话,也是不可能的。这是语言环境造成的语言习得的规律。"孟子接着说:"你说薛居州是个很好的人,要让他住在王宫中。假如王宫里的人无论年龄大小、职位高低,都是像薛居州那样贤明的人,那么大王就没有机会接触奸诈小人了,也就不存在被小人的谗言迷惑、跟着小人做不好的事了,薛居州也就用不着进宫了。但是如果王宫里的人无论年龄大小、职位高低,都不是像薛居州那样的好人,都是只会说谗言的小人,那么大王就没有机会接触好人、跟着好人做善事了。这样的话，宋王身边只有一个薛居州又有什么用呢，单单一个薛居州能对国君产生什么重大的影响呢？"

孟子用学习语言的例子说明学习环境对于学习是多么的重要，环境好，学习就是顺水推舟的事，非常容易；环境不好，学习就是逆水行舟，要达到目的十分困难。而国君身边如果坏人多，恶劣气氛已经形成，那么引进一个好人想要让国君行善也是不可能实现的。

这个故事的环境是多数人营造出来的环境，这个多数人的大环境对个人而言，具有潜移默化的作用，多数人造成的环境会浸染少数人，这个作用是至关重要的，个人的影响力不足以与多数人形成的氛围抗衡。当然，任何事情都不是绝对的，从古至今都会有"乡音无改鬓毛衰"的人，从古至今都会有"以一当十"的可能性发生，但这种以少胜多是需要条件的，毕竟不是惯常现象。语言学习是口耳之学，有语言环境是非常好的，家里如果有学外语或学另一民族语的孩子，一定非常明白这个道理。另外，个人的力量往往敌不过众人的力量，这也已经是一条公理了。

一傅众咻

一人实施教育,众人进行干扰。指由于环境的干扰,做事不易取得成就。

例句:古人有言,~,终归无效。

真理有时掌握在少数人手里,问题是:那是什么时候呢?

三
染缸效应不小看

染丝之变 rǎn sī zhī biàn

比喻本来相同的人或事物因受环境影响而变得不同。这是墨子发出的一个感叹而形成的成语，是从《墨子》第三章《所染》凝结出来的，原文是：

> 子墨子言见染丝者而叹曰：染于苍则苍，染于黄则黄。所入者变，其色亦变；五入必而已则为五色矣。故染不可不慎也！

第一句话有两个小地方要注意，一个地方是关于墨子的称呼，"子墨子"就是指墨子，姓氏前面添加的"子"体现的是

一种礼貌文化,明示墨子为师,因为《墨子》一书是其弟子所记,古人对自己老师的称呼常常用"子",《论语》里面"子曰"也是这个意思。另一个地方是这个句子流传至今原文有两个关于说话的动词"言""曰",但是"言"放在句子里是很不好解释的,有人说它是"衍文",就是古籍文献在辗转抄写中出现的讹误多余的字,把它拿掉句子就好解释了。

墨子曾看到人染丝,感叹地说:"放入青色染料,素丝就变成青色,放入黄色染料,素丝就变成黄色。放进去的染料变了,素丝的颜色也跟着变化,染五次就会变出五种颜色了。所以,染色不可不慎重啊。"墨子认为染丝这件事一定要重视,看到染丝的变化,之所以发出感叹,是因为染丝触发了他对环境的作用的感叹,对环境作为人的成长要素的感慨,文中接着一连串地论证环境的重要。他从上到下,从正到反,就身边的人文环境对人的浸染力、影响力之大进行了系统梳理。正反各举四个帝王的例子,他说,国家也有类似染丝的情形,古代舜、禹这样的四个帝王,他们身边有良臣贤将,他们受到好的熏陶,所以能够统治天下,立为天子,功名盖天地。我们现在一说到天下仁义、显达的人,就都要把舜、禹这样的帝王推举出来。反过来,墨子举出有名的暴君夏桀王、殷纣王等四个例子,桀纣都文武双全,但荒淫无度,暴虐无道,因为他们身边谄媚的佞臣在浸染熏陶他们,结果国破身死,被天下人耻笑。只要提到天下不义、耻辱之人,就会说到他们。墨子说,作为君王，不是因为当了君王就能获得荣华富贵、安逸显赫，而是要实施治理天下、造福天下的大道。大道的实施则依赖于感染君王的人文环境合宜。所以古代善于做君王的，把精力花在选贤任能上，这是掌握了做君王的正确方法。不善于做君王的，不知道这个关键所在，受到的感染就不会得当，那么即使他们爱惜自己，看重自己的国家，国家也会越来越危险，自身也会蒙受越来越多的耻辱。

不仅国君有受染的情形，士也是这样。一个人所交的朋友都爱好仁义，都淳朴谨慎，慑于法纪，那么他的家道就日益兴盛，身体日益平安，名声日益光耀，居官治政也合于正道了。反过来，一个人所交的朋友若都不安分守己、结党营私，那么他的家道就会日益衰落，身体日益危险，名声日益降低，居官治政也不得其道。对于这两种朋友，墨子各列举了三个人，我们简单介绍两个。

第一个是春秋末战国初魏国的段干木，这个人年轻的时候并不是一个追求学问的人，而是喜欢从事马匹交易，算是个经纪人。30多岁时，段干木游西河时遇到了孔子的十大门徒之一子夏，他感叹子夏学识渊博、师承孔子，于是拜在了子夏的门下学习。渐渐地因为受到师傅子夏的行为和作风的影响，段干木的学识和品德都有了很大的增长，终于成为当时非常有名的学者。虽然学富五车了，名气也很大，但他不想步入仕途，而是隐于社会底层的平民百姓中，终身不仕。当时魏文侯亲自登

门拜访，希望段干木可以出来当官，段干木听说魏文侯来了，不是出去迎接，而是从自家墙壁一跃而出逃走了。这是很不礼貌的事情，但魏文侯不仅没有因为他的失礼恼怒，反而越发尊敬他，这以后每当路过他家，都会下车步行走过去，以表示自己对段干木的尊敬。魏文侯的车夫很是不解：魏文侯如此礼贤下士，段干木态度却那么不友好，为什么还要坚持这样做呢？魏文侯说，段干木是一名贤者，不会因为外物而改变自己的原则，这正是他有才德的表现，需要向这样的人学习。终于，有一天段干木被魏文侯长久以来所表示出来的诚意感动了，于是与魏文侯见了面，相谈甚欢，虽然拒绝了出任魏国相国的请求，但实际上师生关系和友情已经建立起来了。后来秦国想要攻打魏国，有人劝秦王说："魏文侯位礼贤下士，有段干木辅佐，不可轻举妄动。"秦王就打消了攻打魏国的念头。所以，魏文侯拿段干木作为浸染熏陶自己的朋友，魏国才能避祸并开创辉煌时代。

第二个是齐国的易牙，他烹饪技艺很高，第一个开私人饭馆，被现代厨师们称作祖师。春秋战国时，他和管仲一起在齐桓公手下当差，在管仲健在的时候，易牙没有办法取代管仲的地位。后来齐桓公说他吃过很多美食就是没吃过人肉，易牙就煮了自己的儿子给齐桓公吃，得到信任。管仲病重将死时，齐桓公想让易牙代替管仲的职位，让管仲评价易牙。管仲认为易牙这个人绝对不能用，他不会真的爱齐桓公替他办事，连自己

染丝之变

比喻本来相同的人或事物因受环境影响而变得不同。

例句：好的学习环境能够造就人才，跟~是一样的道理。

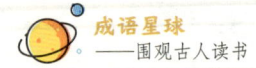

的儿子都可以杀了而不去爱他,又怎么会爱国君呢?管仲反对他接任,而且建议罢了他及其他两人的官,让他们永世不得入朝。齐桓公开始听了管仲的话,撤了易牙的职,永远不准入朝。但齐桓公忘不了易牙奉献的美味,三年后又忍不住召他回宫任要职了。哪知对易牙委以重任的第二年齐桓公得了重病,易牙作乱,填塞宫门,筑起高墙,内外不通,最后将齐桓公饿死了。在管仲没死之前,齐桓公还能依赖管仲跟易牙较量,不至于遭罪,管仲死后齐桓公召易牙为朋,带来的是灭顶之灾。墨子把这些能够浸染熏陶别人的人都比喻为染料,必须慎重,这与我们今天说的近朱者赤近墨者黑是一个道理。

　　《墨子》的这些篇章后来被《吕氏春秋》收录,《吕氏春秋》在收录墨子这篇文章的时候,添加了墨子、孔子自己选择染料来熏陶自己的故事。在求学的道路上,孔子、墨子都很重视人文环境,这个人文环境的关键就是老师,老师就是感染学生的人。孔子向老聃、孟苏、夔(kuí)靖叔这样的人学习,让他们成为浸染自己的人。墨子也是从善如流的人,有个精通周礼的周代史官名叫角,其后人在鲁国,墨子就在鲁国拜角的后人为师。孔子、墨子这两位贤士,没有爵位来使人显赫,没有赏赐俸禄给人带来好处,但是,一旦要列举天下显赫荣耀之人,大家一定都会称举他们。他们死后,追随他们的人不是越来越少,而是越来越多,多到弟子遍布天下。子贡、子夏、曾子向孔子学习,段干木向子夏学习;禽滑釐(lí)向墨子学习，许犯向禽滑釐学习，田系向许犯学习。孔墨后学在天下显贵尊荣的太多了，数也数不尽，这都是由于熏陶他们的人得当啊。为什么会这样？因为人教导人所产生的人文环境产生了效应。

以染丝为喻，说明天子、诸侯、大夫、士必须正确选择自己的亲信和朋友，以取得良好的熏陶和积极的影响。影响的好坏关系着事业的成败、国家的兴亡，必须谨慎。它凝结为成语"染丝之变"，喻义是说环境的熏陶、社会风气的感染，会对人的思想、品质产生重要的影响。提醒人们注意社会影响、文化氛围对人的感染和熏陶作用，切不可掉以轻心。我们可以把这些称为染缸效应。

四

麻直效应赖君士

与染缸效应相类似的是麻直效应,请看成语蓬赖麻直。

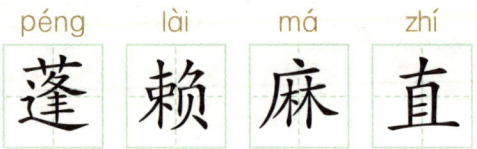

这个"赖"是依赖的意思,蓬是一种软得不能自直的植物,麻是一种又高又直又比较硬的植物,如果把蓬移到麻群里生长,不用管它,蓬就可以依赖与麻在一起而自己变直。这个成语在有的成语词典里也写作"蓬生麻中,不扶自直"。比喻生活在好的环境里,也能学习成为好人,出自战国末期思想家、教育家荀子著名的《劝学》篇:

蓬生麻中,不扶而直,白沙在涅,与之俱黑。

《劝学》在说这个事情的时候，并非只有这两句，其实是用了五个比喻，从正反两方面对比，反复渲染环境的重要性，目的是要以物喻人，最后点明主题，告诉人们"君子居必择乡，游必就士"。就是说，君子居住一定要学会选择好的环境，交友一定要学会选择有道德的人，这样才能够防备邪恶罪孽发生，不断靠近并保持中庸正直。荀子用的这五个比喻都是花鸟鱼虫一类，分了三个层次。

　　首先，用一反一正两个比喻来说明"君子居必择乡"的道理。反面比喻：鸟儿不懂居必择乡导致恶果。说南方有一种鸟叫蒙鸠，属鸠鸽科，像鸽子，有人说它的别名叫斑鸠，筑巢距地两米以上，巢里一般下两个蛋，蒙鸠用羽毛做窝，还用毛发把窝编结起来。可是这个鸟儿把窝系在芦苇的花穗上，风和日暖的天气里，很温暖，风一吹苇穗折断，鸟窝就坠落了，鸟蛋全部摔烂。鸟窝固然编得好，但不会选择环境，把窝寄托在不稳固的地方，所以窝和蛋都完蛋了。这个比喻也凝结为成语"蒙鸠筑巢"沿用下来。有的人说这个故事的寓意是说打好基础的重要性，万丈高楼平地起，基础要扎实，其实荀子要用这个故事来说环境问题。正面比喻：草儿懂得居必择乡，所以能克服缺陷看得高远。荀子说，西方有种草叫射干，只有四寸高，却能俯瞰百里以外的地方，不是草能长高，而是因为它长在了高山之巅。这里说的西方应该是秦国，射干草长不高，开花六瓣，每一瓣上面有蝴蝶斑，也叫蝴蝶花，这种草在西南山

区，可生长在海拔2000-2200米的高处。长不高却能俯瞰，为什么？说明站得高，站得高就能看得远。这两个比喻说的是自然环境的作用，用来说明"君子居必择乡"。

接着，用一正一反两个比喻来说明"君子游必就士"的道理。正面比喻：松软的蓬草与高直的麻为伍，会轻轻松松地长得很好。荀子说，蓬草长在麻地里，不用扶持也能挺立住。反面比喻：洁白的沙子如果跑到"涅"里面，不可能保持洁白。《说文解字》说"涅"就是黑土在水中，这里指的就是黑土。白沙混进了黑土里，就会变得和黑土一样黑。

如果你不会择乡和就士，会产生什么后果呢？

最后，荀子又进一步打比方说明环境选择不当除了自身变化之外，还会导致被社会抛弃：有一种香草叫兰槐，兰槐的根叫芷，"芷"的本义是香味令人止步的草，古人常佩戴在身上，就像现在的人喷洒香水。芷本身是香的，一旦浸泡在酸臭的淘米水里，也会被臭水环境搞臭，这样，君子不会再靠近，普通人也不会再佩戴。

这后面三个比喻，其实喻示的是人文环境。用现在的话来说，有的父母希望孩子能进到一个好班去，这就是出于麻直效应的考虑；我们有的孩子读中学的时候在老师、家长的监督下习惯与书本为伍，进了大学就与游戏为伍了，这会失去原来的朋友。

上面为了说明居必择乡、游必就士所用的五个比喻，我们

蓬赖麻直

比喻生活在好的环境里,也能学习成为好人。

例句:~,和品学兼优的人多相处,自己也会变得优秀。

与可以依赖的人在一起,学习怎样成为别人的依赖。

可以合称为麻直效应。

　　这一篇说的四个关于环境的成语,都很有特色。"孟母三迁"说了一个有头有尾的故事,"一傅众咻"用一个比喻来说明一个道理,"染丝之变"用很多人的故事来验证一个比喻,"蓬赖麻直"用很多比喻来说明一个道理。成语故事里说故事的方式就是一种语言艺术,语言艺术也是中华语言文化的一个组成部分。

第七篇 处己谦虚终受益

如果要形容一个人谦虚有礼、严于律己，我们会用什么成语呢？可以用"谦谦君子"。这个成语早就有了，周代的《易经》上说：

谦谦君子，卑以自牧也。（《易经·谦》）

这个"牧"不是放牧而是治理的意思，这句话说的是：谦虚而又谦虚的君子，即使处于卑微的地位，也能以谦虚的态度自我约束，不放松品德修养。谦谦君子是谦虚有修为的人，不是沽名钓誉的人，这种谦虚态度是我们求知学习所不可少的态度。求知学习的谦虚态度有些什么内涵呢？具体可以从四个方面来体现，这四个方面都可以用成语来解读。

一
起点在近不在远

体现起点在近不在远的成语是登高自卑。

　　孤立地看,"自卑"这个词很容易理解为不自信,是一个形容词,但是把这个词放到成语中,成语又放到《礼记》的上下文里面,自卑就不能当作形容词来理解,自,就是介词,表示"从……开始"的意思;卑,就是低处的意思。登高自卑,不是登高之后才知道自己渺小,而是登高要从低处开始。比喻做事由浅入深、由简入繁、循序渐进,不可躐(liè)等。原文出自《礼记·中庸》:

> 君子之道，辟如行远必自迩，辟如登高必自卑。

在古代，这里的"辟"与"譬如"的"譬"是一个字。这两句话讨论的是儒家所主张的君子的大道，大道是一个远大的目的，虽然目标在远方，但求道的起点应该在脚下。为了说清楚这个道理，《礼记》从三个层面来进行阐述。首先，用孔子的话来说，射箭的道理与君子的行为有相似的地方，怎么个相似呢？射箭首先是有远处的目标或靶子的，假如没有射中靶子，不是要从靶子那里找原因，也不是空中的风导致的问题，而是应该反过来责求自己，是自己没修炼好。怎么找原因呢？第二层，从低处近处开始，进一步用远行和登高的道理来说明实行君子的人生大道应该从哪里做起：君子要实行人生大道，要想走很远的路，到达远大的目标，就必须从近处开始；要想登上高山之巅，极目远眺，一览众山小，就必须从山脚起步。如何从低处做起呢？第三层，从家庭开始，借用《诗经·棠棣》来说明什么是从近处、从低处开始，诗中说，兄弟情谊是血脉相连的，是最牢固的，遭死丧时兄弟会相收，遇急难时兄弟会相救，御外侮时兄弟会相助。在这样的家庭里，妻子儿女感情和睦，就像弹琴鼓瑟一样；兄弟之间关系融洽，快乐长顺。孔子赞叹说："这样，父母也就称心如意了啊！"兄弟好则妻女好，妻女好则父母乐。

我们把这一段故事再深入理解一下，行大道相当于治国平

登高自卑

比喻事情的进行有一定的顺序。

例句：行远自迩，~，做事必须得有一种脚踏实地的姿态和耐心。

登上喜马拉雅山、获得诺贝尔奖的人都很伟大，但别忘了，他们的起点和你我没有什么不同。

天下,要达到这个远大的目标,不能好高骛远,而是要从修身齐家做起。就好像远行要从近处开始,登高要从低处开始。这里面的"辟如登高必自卑"凝结为成语"登高自卑"。而自卑其实就是一种谦虚的修养,一种进取的态度,一种境界。

　　这个登高自卑的态度和精神后来还被搬到现实当中。清朝康熙二十七年(1688年),长沙的岳麓山下修建了自卑亭,供登山求学览胜的人歇息,去岳麓书院,必须经此自卑亭,一般都要驻足凝思,洗涤心灵,净化心境。从自卑亭这条线一直向岳麓山上走,途经道中庸亭、极高明亭、赫曦台,从这些亭台的命名可以看到求学问进的意味,喻示着一个人为学,要先有自卑谦虚之心,然后有所明了,有所见地,直至见到学问的曙光。现在,道中庸亭、极高明亭已不复存在,赫曦台也已迁建,自卑亭虽然几经修葺,少许挪移,依然伫立在距岳麓书院200米的山脚下。现在这个自卑亭作为岳麓书院的重要组成部分,是踏入岳麓书院的第一道基础之门,与书院一起成为全国重点文物保护单位。

　　登高自卑的反义成语是好高骛远,它还有个同义熟语"一屋不扫,何以扫天下",这个熟语常被用来解读登高自卑的含义。这个熟语源自《后汉书》中陈蕃的故事,说东汉时期陈蕃自命不凡,一心只想干大事业。陈蕃十五岁时,曾单独住一个地方,无事可做,而室内外十分肮脏,父亲的朋友同郡人薛勤来看他,他也不收拾。薛勤对陈蕃说:"小孩子,为什么不打扫清洁迎接客人呢？"陈蕃说："大丈夫在世，应当扫除天下的垃圾，哪能只顾自己一室呢？"薛勤知道他有澄清天下的志气，"甚奇之"，非常赞赏他。这个故事本来是表扬陈蕃很了不起，少年有大志，后世之人把这个故事的尾巴改写了一下，把薛勤的赞赏改为质问，说你连自己的屋子都不能打扫好凭什么说你能够扫天下呢？从这段记载中提炼出了"一屋不扫，何以扫天下"的熟语，与"登高自卑"寓意不谋而合。为什么要改写呢？因为从众。"众"是什么？就是大家认为的普遍规律。一般人的逻辑会认为平凡的积累比远大的理想更重要，"扫天下"是需要以"扫一屋"为前提的，成就一番事业要从身边的小事做起。这种改写，反映出人们对登高自卑谦虚态度所包含的事理逻辑的高度认可。

贫富在书不在银

体现贫富在书不在银的成语是多文为富。

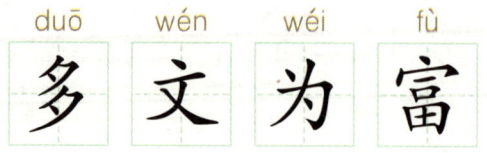

这个成语的意思是以多学知识、技能为富有。它差不多是《礼记·儒行》里面的现成的话：

> 儒有不宝金玉，而忠信以为宝；不祈土地，立义以为土地；不祈多积，多文以为富。

《儒行》是《礼记》中的第四十篇。它通过孔子与鲁哀公的对话，从各个方面描述了一个真正儒者的行为是什么样子的。

说起来是对话，实际上是孔子给鲁哀公上了一堂儒学课。孔子从宋国返回鲁国，鲁哀公在公馆里接见了他。鲁哀公看到孔子的穿戴很特别就问他是不是儒者都这样穿，孔子说儒者只有在行为上求学问广博，衣服则是入乡随俗，以前在鲁国，穿的是宽衣袖的衣服，住在宋国后就戴殷代的章甫之冠，没有什么特定的儒服。从这个问答里面可以看到，孔子回到鲁国戴着章甫帽，这种帽子鲁国人是不戴的，所以鲁哀公有此一问，这个章甫帽是古代的一种礼帽，用黑布做的，殷代开始有的，殷代灭亡后戴这种帽子的习惯就留在了宋国，一般读书人会戴这种帽子。孔子是儒家大师，他在宋国就戴这种帽子，后来儒生都戴这种帽子，变成了儒者的服饰标志，并演变为儒巾，明朝未及第举人都戴儒巾。因为孔子说儒者在衣服上没有什么特别的，只是在行为上追求博学，鲁哀公就继续问孔子：请问儒者的行为有哪些特点呢？孔子回答说："仓促地列举，短时间难以说完。全部说完要费很长时间，恐怕说到值班的仆人到了换班时间也未必能说完。"于是鲁哀公就命人给孔子设席让他慢慢说，孔子陪侍哀公坐着，娓娓道来。

　　孔子首先从整体上给鲁哀公介绍儒者的德行：就像筵席上的珍宝，等待着诸侯的聘用；早起晚睡地努力学习，等待着别人的询问；心怀忠信，等待着别人的举荐；身体力行，等待着别人的录取。儒者的修身自立有如此者。然后分别从态度、操守等方面逐一解释什么是儒者。我们主要说态度，在态度上儒

者有三个特点：第一，对事，谦卑礼让；第二，对人，恭敬诚信；第三，对财富，多文为富。

孔子说，在儒者的心目中，金玉并不宝贵，忠信才宝贵。他们不祈求土地，树立起的道义就是他们的土地；他们不祈求多有积蓄，多掌握知识就是他们的财富，所以，多文为富是一个治学的人谦虚有内涵的表现。请他们出来做官很困难，因为他们不在乎高官厚禄；也正因为他们不在乎高官厚禄，即使请出来也难以长期留住。有些儒者，即便把许多金银财宝赠送给他，即便用声色犬马去引诱他，他也不会见利而忘义。只要认准了就坚决去做，做过了从不后悔，还没做的也不考虑那么多。说错了的话就不再说，对于流言蜚语也不去穷究。时刻保持威严，拿定主意的事说干就干，绝不优柔寡断。

孔子滔滔不绝地给鲁哀公讲述了一大通话，好好地讲了一堂儒学课，正义凛然，鲁哀公听了，对儒者的话更加相信，对儒者的行为更加看重，并且说："我这一辈子，再也不敢和儒者开玩笑了。"为什么不敢开玩笑？因为他对儒者肃然起敬，对肃然起敬的人是不会开玩笑的，儒家的地位在鲁哀公心里升得很高。

多文为富，就是把学识的渊博当作富足、富有，这是一种追求博学、淡泊名利的态度。后来宋代有句谚语：书中自有颜如玉，书中自有黄金屋。这句谚语是我们耳熟能详的，与多文为富的语意大抵一致。它彰显一种学习的态度，也引发我们去思考怎么理解财富，"富"的境界不只是物质的，更重要的体

多文为富

把学识渊博当成富有。

例句：古人～的精神值得现代人学习。

文章和书不能当饭吃，当你用米饭填饱了肚子但还觉得心里空空的，就知道它们比饭更好了。

现在精神上。多文为富所说的博学，指的不是广泛涉猎浅尝辄止，而是消化了精髓、深化了智慧的博学。现代很多人尤其是科学家在专业上愿意花一辈子的时间来进行研究探索，退休不退事，生活极简。有的人会觉得这样很傻，不值，可是这样的人却非常快乐，为什么？因为他拥有一种财富，这种财富不一定是浮在别人眼中的铜钱，而是一种深入骨髓的态度、品质、精神凝结成的看不见摸不着但能感受和享受的东西。人生有不同的格局，这就是一种。这样的人越多，国家的创造力就会越大、越强。

三
范围在宽不在窄

体现范围在宽不在窄的成语是博物洽闻。

博 物 洽 闻

物,是用来看的;闻,是用来听的;博,就是广博;洽,除了洽谈、融洽的意思外,还有一个意思也是广博。博物洽闻就是广知事物、学识丰富。这个成语是直接把班固夸奖司马迁的用语沿用下来的,原文出自班固《汉书·司马迁传》:

> 以迁之博物洽闻,而不能以知自全,既陷极刑,幽而发愤,书亦信矣。

先把这几句话简单翻译一下：这里的"知"等于"智"，这是古文常见的假借字；"幽"在这里不是幽静而是幽禁，是坐牢的意思；"书"就是书信，这里指司马迁给友人任安的一封回信，名称就叫《报任安书》。整个语句的意思是：凭着司马迁见多识广的本事，都不能靠聪明智慧来保全自己，已经遭受极刑了，还在囚禁中发奋写作，书信也写得非常诚恳。

这句话信息量比较大，得把司马迁这个人的整个故事都了解了才能真正明白这几句话意味着什么。司马迁是历史上公认的伟人，伟大的重要标志就是他是历史丰碑《史记》的作者，而这个《史记》是司马迁"幽而发愤"的成果。本来，司马迁出生在文官之家，他的父亲司马谈曾任太史公，太史公的地位相当于丞相，专门负责记录官方史料。他家对司马迁的培养非常好，使得他10岁时就能识读古文著作，20岁南游江淮，大大增长了阅历。司马谈在临终时有一件自己很遗憾不能做的事，流着泪跟司马迁说了。他说："我们的祖先，是周朝的太史，远在上古虞舜夏禹时就取得过显赫的功名，后来我们司马家衰落了，我很不甘心司马家的业绩断送在我这里。我死以后，你一定会做太史；做了太史，你千万不要忘记我要编写的论著啊。"司马谈要编写什么呢？他说："自周公死后500年而有孔子写《春秋》，鲁哀公获麟后孔子辍笔不写了，到现在又400多年了，其间由于诸侯兼并混战，史书丢散、记载中断。如今汉朝兴起，海内统一，贤明的君主、忠义的臣子的事迹非常多，是时候继承并光大孔子的事业，修正《易传》，续作《春秋》，用《诗》《书》《礼》《乐》衡量一切了。他作为太史而不予评论记载，中断了国家的历史文献，对此他感到十分不安，你可要记在心里啊！"

司马谈这段话里的获麟，指的是传说中春秋时期鲁哀公十四年（公元前480年）时，鲁国猎获了一只麒麟，孔子听说以后非常伤心，他认为麒麟是神灵之物，在太平盛世才会出现，而现在正逢乱世，出非其时，而被人抓获，所以他怀着一种非常沉痛和绝望的心情，把这件事记录下来以后，就终止了《春秋》一书的写作。这以后一直到司马迁的时代，过去了将近500年，官方史料没有得到书写，对太史公而言是一件十分遗憾的事情，所以司马谈就有这个临终嘱托。

司马迁低下头流着泪对父亲说："我虽然不聪明，一定把父亲编纂历史的计划全部完成，不敢有丝毫的缺漏。"太史公死后三年，司马迁当了太史，他阅读并摘抄了所有收藏的图书档案，明白了父亲临终说是时候接过孔子的历史续写的意义了，于是着手编写起来。这本书写了14年，艰难辛苦只有他自己知道，写作的第十年，司马迁因为李陵而遭罪，被关进了监狱。当时，李陵奉汉武帝之命率5000步兵出征匈奴，打了一场遭遇战，与匈奴单于的8万骑兵连战8天8夜，援兵不到，弹尽粮绝，战败投降。武帝愤怒，群臣都跟着声讨李陵投降，只有司马迁说：李陵是个孝顺有信誉的人，一心报国，他只领了

5000步兵，吸引了匈奴全部的力量，杀敌1万多，虽然战败降敌，其功可以抵过，他投降是想活下来找机会回报汉朝的。哪知后面接着有人谎报李陵在为匈奴练兵，以期反击汉朝。汉武帝大怒，听信讹传，将李陵满门抄斩，司马迁也因为李陵游说被视为大不敬，当死。司马迁的当死与李陵的当死不同，司马迁可以在花钱免死和宫刑中做出选择，他没那个钱，最后受了宫刑，坐牢。司马迁在狱中开始长叹自己受宫刑身体残废，人也没有用了。后又仔细思量，终于继续着手记述从黄帝开始直到武帝为止的历史。他牢记使命，搜集天下散失的历史故事和传说，对帝王兴起的业绩，追本溯源、探究始终，观察朝代盛衰的原因，依据事实进行论述考订。略述三代，详录秦汉，从黄帝写起，直到当朝皇帝。朋友任安给他写信，觉得男子汉不应该选择接受宫刑这样的极刑，当时司马迁没有回复。几年后司马迁重新得到汉武帝信任，任安却又获罪，司马迁给任安写了回信，叫《报任安书》，陈述了当年的情形，这封信可谓字字血泪、声声衷肠、气贯长虹、催人泪下，成为名篇。

　　班固给司马迁写传就说：从刘向到扬雄，这些人博览群书，他们都称赞司马迁有良史之才，佩服他善于序说事物的道理，明辨而不华丽，质朴而不鄙俗，他的文章秉笔直书，他所记述的史事真实不做虚假的赞美，不掩饰丑恶的东西，所以称作实录。唉！以司马迁的博学广闻，却不能靠智慧保全自己，已经遭受极刑仍在狱中发愤写作，他给任安的信中所陈述的也

博物洽闻

博物:指知识广博。洽闻:见闻很广。指人见识广博。

例句:我虽不敢说~,但对社会的了解不会比你少。

虽不能像司马迁那样学识渊博,
但没有什么能阻碍我们去追求渊博。

十分真挚。像《诗经·烝民》所说的"既明辨又聪明,还能保全自己",这太难了!

　　用博物洽闻来评价司马迁是再合适不过的了,我们从司马迁的故事里面也能了解到他做到这一点有三个方面的原因,第一是家庭的培养使他早年就有很好的基础,第二是使命感使他坚持不懈地为了编写《史记》而广泛阅读摘抄,第三是面对困境的超人意志使他能够持续求知。任安都觉得如果受宫刑还不如选择死亡,但司马迁忍辱活下来了,所以,与其说博物洽闻是对司马迁学识的评价,不如说是对他潜心积累、登高自卑、超越常人的成果鉴定。他把自己的身体都掏空了,再装进万事万物,靠的是谦虚治学、眼界高远。

四
虚实在实不在虚

体现虚实在实不在虚的成语是滥竽充数。

làn　yú　chōng　shù
滥　竽　充　数

这个成语我们已经烂熟于胸了,但它是一个永远都会有警示价值的成语。它用虚假的喻义告诉我们求学要问虚与实,求学的态度应该在实不在虚。这个成语出自《韩非子·内储说上》所描述的一个故事:

> 齐宣王使人吹竽,必三百人。南郭处士请为王吹竽,宣王说之,廪食以数百人。宣王死,湣王立,好一一听之,处士逃。

我们来回顾一下这个故事。战国时期，齐国的国君齐宣王爱好音乐，尤其喜欢听吹竽，手下有300个善于吹竽的乐师。齐宣王喜欢热闹，爱摆排场，总想在人前显示做国君的威严，所以每次听吹竽的时候，总是叫这300个人在一起合吹奏给他听。有个名叫南郭的处士听说齐宣王喜欢听合奏，觉得有机可乘，是个赚钱的好机会，就跑到齐宣王那里去，吹嘘自己说："大王啊，听过我吹竽的人没有不被感动的，就是鸟兽听了也会翩翩起舞，花草听了也会合着节拍摆动，我愿把我的绝技献给大王。"齐宣王听得高兴，很爽快地收下了他，把他也编进那支吹竽的队伍中。南郭处士就随那大队人马一块儿合奏给齐宣王听，和大家一样享受着优厚的待遇，心里极为得意。其实南郭处士压根儿就不会吹竽，但他是个戏精，很会表演，每逢演奏的时候，南郭处士就捧着竽混在队伍中，人家摇晃身体他也摇晃身体，人家摆头他也摆头，脸上装出一副动情忘我的样子，看上去比别人吹奏得更投入。南郭处士就这样靠着蒙骗混过了一天又一天，不劳而获地白拿丰厚的薪水。但是几年后，爱听竽合奏的齐宣王死了，他的儿子齐湣王继承了王位。齐湣王也爱听吹竽，可是他和齐宣王不一样，认为300人一块儿吹实在太吵，不如独奏来得悠扬逍遥。于是发布一道命令，要这300人好好练习，做好准备，一个个轮流吹竽给他听。乐师们接到命令后都积极练习，想一展身手，只有南郭处士急得像热锅上的蚂蚁，惶惶不可终日。他想来想去，觉得这次再也混不过去了，只好连夜收拾行李逃走了。

滥竽充数

比喻没有真才实学的人混在行家里充数。也比喻以次充好。有时也用于自谦。

例句：南郭先生～，终究落荒而逃。

门面装得好，要有东西卖，没有真货等于自毁门面。

现在提倡读整本书,这个提倡很好,至少有这么几个作用:第一,读整本书信息很丰富;第二,整本书具有系统性;第三,读整本书断章取义的可能性就减少了。如果我们读了《韩非子·内储说上·七术》的完整篇章,就会对滥竽充数有更多的体验。《七术》说的是君主用来考察隐微之情的七种手段,其中第四个手段是逐一听取禀告并用禀告来督责下级,这是从君主层面来说的。滥竽充数的故事就是对这一条所做的深入形象的比喻说明,意思是如果大家在会议上异口同声,那么管理者也就不可能知道每一个人的具体想法,也不可能知道某个人的水平。如果采取单独一一听取汇报的方式,那么个人的特点都能了解,不能胜任工作的就会想办法逃跑了。

个人的修为和成功要靠勤奋学习,练就一身真本领,以抵挡一切困难、挫折和考验。像南郭处士这样不学无术靠蒙骗混饭吃的人,骗得了一时,骗不了一世。南郭先生也成了滥竽充数者的代名词,滥竽充数是谦虚精神的大忌。

把以上几个成语联系起来,就是求学以做谦谦君子的一个系列。我们需要登高自卑,我们需要多文为富,我们需要博物洽闻,我们不需要滥竽充数的人。如果做到这几条,那么不想变成谦谦君子也是比较难的。

第八篇

师道之尊有如此

东汉末年，有一个学生去拜师，他跟老师请求说："教授经书的老师容易遇到，但传授做人道理的老师却难遇到。我愿意跟随在您的身边，给您洒扫房屋和庭院。"老师就收下了他。后来，老师病了想喝粥，他不要别人煮，指定这个学生给他煮粥。学生把粥煮好以后端给老师，老师大声呵斥他："你给长辈煮粥，不存敬意，使我不能进食。"说完将碗扔到地上。这个学生又重新煮好粥，再次端给老师，老师又呵斥他。这样一连三次，学生的态度和脸色始终没有改变。于是老师说："我开始只看到你的表面，从今以后，我知道你的内心了！"从此就把学生当作好友，善意对待，倾囊相授。这个谦卑的学生叫魏昭，是东汉知名的儒家学者，这个貌似傲慢的老师叫郭泰，是东汉著名学者、思想家及教育家，人称"有道先生"，为东汉太学生领袖。这是一个尊师的故事，尊师在中国一直是有传统的。

一 师道与规矩

最能反映尊师文化又流传甚广的成语是师道尊严。

师 道 尊 严
shī dào zūn yán

这个成语本指老师受到尊敬，他所传授的道理、知识、技能才能得到尊重。后多指为师之道在于尊贵、庄严，你是老师，我们就应该尊敬。这个成语是从《礼记·学记》中的一段话凝练而成的。

> 凡学之道，严师为难。师严然后道尊，道尊然后民知敬学。是故君之所不臣于其臣者二：当其为尸，则弗臣也；当其为师，则弗臣也。大学之礼，虽诏于天子，无北

面,所以尊师也。

这段话有三个意思。

第一个意思说师、道、学的关系。这里的"严师"不能理解为"严师出高徒"那个严师,这个严是动词,表示尊敬、尊重的意思,严师,就是尊重老师。前面两句说的是:凡是求学之道,以尊敬教师为最难。因为只有教师受到尊敬,然后真理才会受到尊重;真理受到尊重,然后民众才懂得敬重学业。也就是说,要想学习风气好,必须要让真理之道得到重视,要想真理之道得到重视,必须要尊崇老师。所以归根结底,尊重老师是最关键的,最关键的也是最基础的,最基础的也是最难的。

第二个意思说老师是可以破例的。因为尊敬老师最难,也最关键,作为君王,本来君臣有别,君王应该用对待臣子的规矩来对待臣子,但有两种情况可以破例,一是"当其为尸"时,"尸"在这里指的是祭祀的主人,即古代祭祀时代表死者受祭的人,这个时候死者为大,臣子不必拘礼;二是"当其为师"时,也就是臣子担任教师的时候,君王也不以对待臣子的态度对待他,不必拘礼为臣子。

第三个意思说老师可以怎么破例。所谓不必拘礼,这个"礼"的概念比如说君臣见面座次有固定的礼数,君王坐北朝南,臣子要坐南朝北臣服,但是按照《大学》的礼节,教师被君主召见的时候,是无须北面而朝的,东向坐西向坐有时候都

师道尊严

原指老师受到尊敬,他传授的道理、知识才能受到尊重。后来指为师之道庄严、尊贵。

例句:中华民族自古就有尊师重教、~的优良传统。

尊敬教师是为了尊重真理,
尊重真理才能敬重学业。

可以。这就是尊师的意思。

师道尊严说的是尊师敬道,教师的职责如韩愈所言,是用来"传道授业解惑"的。自然知识、社会知识、自然规律、社会规律都是客观存在的,但这些客观存在的东西有的可以看得到摸得着,更多的是看不到摸不着的,需要已经有研究、有经验积累的人来传授。俗话说,知识是人类进步的阶梯,但知识一般不会自动跑到人的大脑中来,教师就是知识的传送者,有时候,教师甚至就是知识的化身,不过教师与知识的不同在于,教师可以左右知识。从魏昭拜师的故事可以看到,作为教师的郭泰很有个性,他几次刁难魏昭,为的是考验这个学生的素质是否达到了谦卑虚心的要求,是否达到了作为学生的"道"的品质要求,考验通过就把知识的水龙头完全打开。这是先有师道尊严,后有倾囊相授。

一个社会如果把师道尊严抛到一边,则会乱象丛生,不学无术就会当道,学习风气就会荡然无存,社会就会停滞不前。尊师的实质目的是隆学敬道,而不只是尊敬教师个人。可以设想,不尊敬教师,又怎能认真学习教师传授的知识,怎能希望教师热爱学生?

为了社会的发展,我们需要培养成千上万的各种专业人才,人才的培养关键在办好学校,而学校教学质量的提高,决定于教师。教师从事着艰苦崇高的劳动,是人类灵魂的工程师,是培养祖国后代的园丁。尊重教师,重视教师的劳动是历史发展的需要,是建设社会主义精神文明和物质文明的需要。所以今天我们还要提倡尊师,要大力提高教师的社会地位,形成尊师的社会风尚。

我们耳熟能详的"师道尊严",大概就出自这一节的说法。使我们稍感欣慰的是,教师在古代受到尊重,成了一种重要的礼节,即使在国君面前,也可以不受常礼的约束而受到特殊待遇。尽管该种特别礼遇是有限的,但毕竟体现了古人对老师的重视。

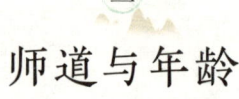

师道与年龄

当老师不分年龄大小，小的可为师；当学生不分年龄大小，老的可为生。请看成语白首北面。

白首就是白头，就是人老了；北面是拜师的方向。这个成语说的是年老还要拜师受业。它出自王通的《中说·立命》：

> 夫子十五为人师焉，陈留王孝逸，先达之傲者也，然白首北面，岂以年乎？

这段话的字面意思是：先生15岁就成为老师了，开封陈留的王孝逸,已经是具有"先达"骄傲资本的人了,是有德行学问的前辈了,可还是在年长的情况下向年纪比他小的人拜师受业。以师生的方式修习德行难道要论年龄的大小吗?

《中说》也叫《文中子中说》,文中子是王通的弟子们私下给他的一个谥号,这几句话是王通跟朋友说学习规律、道德规律的。王通是隋朝文人,据说两岁就开始读书了,五岁就能对历史发表惊人的议论。有一个故事说他在听到大人说历史的时候,表情跟大人一样有戚戚焉,大人问他听懂了没,他说了一番话,这番话大概的意思是:孔夫子说,历史上从夏到商几百年天下是统一的,魏晋以后天下是不统一的,王道没有一个固定的说法,百姓这里一块那里一块,各自为政,战火连天。后来人认为这番议论不可能出自五岁小孩之口,就改写说王通那时10岁。即便是10岁,有这样的议论也相当了不起。他15岁时出去游学,游学过程中不但学习,还经常给有疑难问题的人解疑。所以原文里面说他15岁就为人师了。大约18岁开始考秀才,当时秀才很难考,他这么年轻就考上了,轰动远近,但是他并没有因此做大官,而是通过举荐做了类似于书童那样的侍郎官。他觉得不符合理想,就辞官到家乡著书立说,完全按照孔子的六经路子,续写六经,进行讲学,有王孔子之称。门下有众多弟子,初唐四杰中的文学天才王勃是他的孙子。可惜王通身体不太好,30多岁就英年早逝,众弟子为了纪念他,弘扬他在儒学发展中所做的贡献,仿照孔子门徒作《论语》的方式编写了

《中说》一书,用讲授记录的形式保存下王通讲课时的主要内容,以及与众弟子、学友、时人的对话,共为10个部分,这个成语出自这本书的《立命篇》。文中说一个叫董常的人很有才学,繁师玄知道之后,就问贾琼这个董常有多大了,贾琼说董常刚成年,繁师玄马上说:真是年纪轻轻就闻达于天下啊。贾琼认为,有没有德行不在于年纪大小,修道是否成功不在于职位高低,并用刚才那几句话里面的故事作为引证,说王通15岁就当老师了。当时王孝逸拜师的时候比王通大,王孝逸是什么人呢?他是个书学博士,也是隋朝名将苏威府中的参军,但他认为王通的才学很高,所以还是要行拜师礼拜王通为师,虚心学习,以后就有了成语"白首北面"。这个故事凝结为成语之后,只保留了年纪虽然大,还是需要拜师学习这个意思,形容好学不倦。

回过头看这个成语中的两个词,"白首"很容易理解,就是年长、年纪大的意思。我们在阅读古典文献时要注意"北面"这个词有几层意思,第一层意思是它的本义,就是面向北边的意思。第二层意思是它的文化义,古代以南向为尊,北向为卑,所以皇帝是面南而坐,做皇帝又叫"南面称尊""南面之尊";臣子面向北方朝见天子,故以北面代替臣子的地位,臣服他人叫"败北""北面称臣"。这种尊卑位置又移植到师生位置中,老师的座位是坐北朝南,学生是北面受教,以示尊敬,所以北面这个词又有了"弟子行敬师之礼"的意思。"白首北

白首北面

指年纪虽大,仍拜师受业,形容好学不倦。

例句:在提倡终身学习的时代,~是很常见的。

知识没有边界,拜师的年龄没有界限。

面"可以理解为头发都白了,还要行北面拜师之礼。

　　这个成语给我们一个强烈的信息,那就是尊师不是口头上喊一喊就行了,要有仪式,这种仪式能让人光明正大、坦坦荡荡地学习。它有几个好处,一是有人见证,名正言顺;二是容易让自己铭记在心;三是给老师以充分的尊重。现在,这种拜师仪式大多存留在具有技艺性的师傅带徒弟领域,学校少有了,但每年新生入学有个开学典礼,开学典礼其实就是新型的拜师礼,大家是非常看重、不希望缺席的。

三
师道与时间

尊师不仅学习的时候要尊敬老师,还要一生都感恩老师。这个成语是一日为师,终身为父。

这个成语非常好理解:比喻对待老师要像对待父亲一样敬重,即使只当过你一天老师也要敬重一辈子。它是从罗振玉编录的《鸣沙石室佚书·太公家教》里面沿用下来的成语:

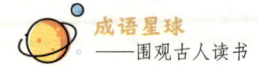

> 弟子事师，敬同于父。习其道也，学其言语。……忠臣无境外之交，弟子有束脩（xiū）之好。一日为师，终日为父。

家教就是家庭教育，在中国，有没有家教是非常重要的事情，有时候家教甚于学校教，一个人的品行让别人觉得很有教养的时候会说他家教好，不会说他学校教得好，而品行显得没有教养的时候也会说没有家教。《太公家教》最被推崇的就是里面崇敬老师、重视教师作用的教诲。

从原文来看，太公家教提倡：学生侍奉老师，应当像对待父亲一样恭敬，要学习老师的文化知识和道德为人，还要学习老师说话的方式和技巧……忠臣不应该有境外的私交，学生应该有主动给老师束脩的好意。哪怕只当了你一天的老师，也要终身作为父亲那样去敬重。

这段文字有四层意思。第一是姿态，这里"事师"的"事"不是指事情，是个动词，就是侍奉的意思，学生对于老师要有侍奉的姿态，就像侍奉父亲一样。第二是学习内容，不但要跟老师学习"道"，也就是知识和品行，还要跟老师学习怎么表达。第三是感谢，感谢不是一句"谢谢老师"就行了，不是空话，要交学费，古代拜师历来都有"束脩"的礼数，那时候不用货币就是用实物，"脩"就是干肉，"束"古代有多种用法，一个是动词捆住，一个是量词，"束脩"是量词用法，

一日为师,终身为父

比喻对待老师要像对待父亲一样敬重。

例句:孙悟空说过,~。

不忘母亲恩,因为那是生命的来路;
不忘为师恩,因为那是智慧的来路。

就是十条干肉的意思。所以，文中说作为臣子，就不应该与境外的人结私交以示忠心；作为学生，就应该有奉送干肉这样的心意。第四是常态（后续态度），老师是非常值得尊敬的，不但在学习过程中要有低头侍奉姿态，要有里外兼修的内容，要有报答感谢的行动，还要一直尊敬老师，不能学完之后就不认账了。即便一个老师只给你上了一天的课，也应该一辈子都当他是老师，像尊敬父亲一样地尊敬他。

面对这个成语，我们如果从这样的角度去解读，就不会有什么价值权衡的疑惑了。有的人用现代的批判性思维来审视这个成语，看到成语里面的语言漏洞，首先这个"师"如果是不称职的，为什么要"终身为父"呢？其次，当了一天的老师，就要用一辈子来报答，太过分了吧？这个角度是在进行价值换算，这种换算其实是把这个成语看得狭隘了。所质疑的这两点固然有道理，但我们想过没有，这个道理并非现代才有，每个朝代都会有，那为什么成语还会被弘扬传颂至今呢？有两个原因：

第一，它是尊重知识的体现。师是知识的载体，父亲是用物质和关爱养育你的人，老师是用知识和爱心养育你的人。

第二，它是尊重文明的体现。中华文明的要点之一是不要忘本，你从老师那里学得了知识，以后在社会的海洋里遨游，那种遨游的本源在老师那里。

由此推及其他，对任何人给予你的帮助，都应该铭刻于心。把老师当作父亲一样看待，并非是每天电话、给予生活补贴、病了守在床前，而是心同此理。现在有的人在学校才把老师当老师，离开学校就从此失联，这样的行事方式与文明是有一定距离的。

四

师道与行动

表达尊师之心不被外界因素干扰的成语是程门立雪。

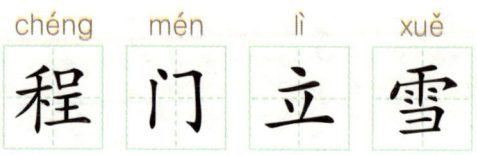

旧指学生恭敬受教,现指尊敬师长。这个成语是从宋代一个叫杨时的人的故事转化而成的,出自《宋史·杨时传》:

> 见程颐于洛,时盖年四十矣。一日见颐,颐偶瞑坐,时与游酢(zuò)侍立不去,颐既觉,则门外雪深一尺矣。

这里面有三个人,"时"指的是杨时,游酢是杨时的同门同学,程颐是老师;这里有两个"见",第一个"见"是到洛阳见师拜师，第二个"见"是当了学生后见老师请教；"瞑坐"即闭着眼睛坐着，就是休息。杨时是福建将乐县人，小时候就聪明伶俐，4岁开始读书，7岁就能写诗，8岁能作赋，人称神童。15岁攻读经史，在当地游学，小有名声。21岁赴礼部考试，后来考中进士，朝廷授他官职。当时河南洛阳的程颢、程颐兄弟俩是全国有名的学问家，讲授孔子和孟子的学术精要即理学。河南洛阳这些地方的学者都去拜他们为师，杨时很想跟这样的老师学习，就以病为由没有赴任，在颍（yǐng）昌以学生礼节拜程颢为师，师生相处得很好，杨时成为老师的四大弟子之一。杨时学成回家的时候，程颢目送他说："你回家了，我的学说就将向南方传播了。"

四年后，杨时33岁，他的老师程颢去世了，他在卧室设立了程颢的灵位哭祭，40岁时杨时又继续到洛阳伊川书院拜师学习，这次是投于程颢的弟弟程颐门下。杨时淡泊为官，一直把谦虚学习当作要务，不断访师求教，钻研学问，他对理学已有相当造诣，但仍然谦虚谨慎，不骄不躁，勤奋好学。有一天，天空浓云密布，气温骤降，眼看一场大雪就要到来。午饭后，杨时为了找老师请教一个问题，约了同学游酢一起去程颐家里。守门的说，程颐正在静坐闭眼休息，他们不愿打扰老师的休息，便一声不响地立在门外等着。天上飘起了鹅毛大雪，越下越大。他们站在门外，雪花在头上飘舞，凛冽的寒气，冻得他们浑身发抖，他们仍旧站在门外等着。过了好长时间，程颐醒过来了，

这才知道杨时和游酢在门外雪地里已经等了好久,便赶快叫他们进来。这时候,门外的雪,已经积得有一尺多深了。

杨时这种尊敬老师的优良品德,一直受到人们的称赞。正由于他能够尊敬师长、虚心向老师求教,学业才进步很快,后来终于成为一位全国知名的学者。特别是他倡道东南,对闽中理学的兴起,建有筚路蓝缕之功,被后人尊为"闽学鼻祖"。四面八方的人,都不远千里来拜他为老师,福建将乐有个龟山,于是大家尊称他为龟山先生。杨时的哲学思想对后来的罗从彦、李侗、朱熹等人产生了深刻的影响,也对我国的古代哲学,特别是思辨哲学方面产生过深远的影响。杨时83岁辞世,宋朝赐"左大中大夫",又赠"太师、大中大夫"等封号,谥"文靖",并在将乐龟山麓建有龟山书院。

程门立雪看起来就是一个等待老师的情境,但它反映出的尊师包含着主动讨教又谦恭有礼、求学心切又关爱老师等诸多意蕴,成为尊师重道的千古美谈,影响久远。其实,尊敬老师讲究的是礼貌的距离,有的人怕与老师接触,躲着老师、避开老师,这是一种遥远的距离;现代网络发达了,有的人躲在网络后面,不想与老师当面对话交流,而只是通过短信、邮件、微信直接要求老师解决他提出的问题,这是一种不当的距离;有的人用层层问答的方式交流,"老师您有时间吗?""你有事吗?""我有点事想跟您说,不知道您什么时候方便?""你有事就说。""那我可以什么时候找您呢?"这些也是一种不当的距离。

程门立雪

指恭恭敬敬就学于师门,形容尊敬师长。

例句:这位青年学者求学坚持不懈、~的精神值得我们学习。

等待的形式不重要,重要的是如何让你的等待有价值。

　　这一篇的几个成语，可以概括为：师道是国家最重要的事情之一，它可以打破一些既定的君臣规矩；师道需要用仪式来彰显，无论年龄和职位，老师的方位才是尊位；师道应该是一种人生态度，由心出发铭记一生；师道需要体现在行动上，当面讨教，礼貌恰当，不是敬而远之。

第九篇 世人读书要知道

一个年轻人去拜访一位大师,向他请教为人处世的方法,大师给他讲了三个故事。

第一个故事:有两个强壮的青年,一拙,一巧。两人奉命在同一块地上各自挖井找水,很快两人都挖了两米深,但丝毫没有水的迹象。拙者继续在原地深挖,而巧者则换了个地方做新的尝试。终于拙者通过不懈的努力找到了汩汩的源泉,而巧者虽然不断地更换地方,终究还是一无所获。第二个故事:还是这两个人,巧者在经过数次的尝试后,终于在一个地方发现有水的迹象,于是深挖,最终找到水源。而拙者始终在原地,一如既往,埋头苦干,越挖越深,结果虽然付出了很多却始终没有找到水源。第三个故事:两个人虽然都竭尽全力,但无论拙者挖多深,也无论巧者换多少地方,两个人都没能找到水源。

前两个故事是要告诉年轻人,方法是有的,但不是一成不变的,有时候持之以恒是方法,有时候灵动多变是方法。第三个故事说的是在没有水的地方找水,前提有问题,有时候事物的前提就是方法。这一篇要说说关于学习方法的成语,学习方法很多,但每一个都不是僵化的。

什么叫学习?《现代汉语词典》上说,学习是从阅读、听讲、研究、实践中获得知识和技能。这里面"阅读、听讲、研究、实践"都是学习的方法,而阅读就是最基本的方法,怎么阅读呢?

(一)
熟读是王道

读书百遍,其义自见

这里的"见"同"现",显现的意思。这个成语指的是反复地读书,里面的意思就逐渐明白了。这是三国时董遇说的话,出自《三国志·魏书》裴(péi)松之注引《魏略》:

> 人有从学者,遇不肯教,而云"必当先读百遍"。言"读书百遍而义自见"。从学者云:"苦渴无日。"遇言"当以三余"。或问三余之意,遇言"冬者岁之余,夜者

日之余,阴雨者时之余也"。

这个原文的出处比较复杂,转了一个弯,因为西晋史学家陈寿所写的《三国志》有的人和事没写进去,裴松之做了注引,注引用的很重要的文献是鱼豢(huàn)的《魏略》。《魏略》是一本讲魏国历史的有名无实的书,它已经成为佚文,我们知道它是从《后汉书》《三国志》等对它的引用中了解的,"读书百遍,其义自见"的故事就是在注引里面保留的,说的是董遇的故事。

董遇是个不善言谈却很爱学习的人,年轻时他和哥哥时常需要采来野生稻谷背到集市上去卖。董遇在做这样的事情的时候也总是带着经书,抓空习读,哥哥笑他迂,但他并没有改变。到了建安初年,董遇被考察推举为孝廉,相当于举人,任黄门侍郎,当时他的主要工作是早晚为君王曹操讲授文史经书,名为侍讲。他功底深厚讲得好,曹操很喜欢也很信任他。曹丕称帝后,董遇从朝廷被派到地方当郡守,曹叡(ruì)称帝后,又进入朝廷,先后当侍中、大司农,大司农也就是掌管钱谷之事的财政部长。董遇一边在朝廷做官,一边勤奋学习,历注经书,很有名气,与贾洪、邯郸淳、薛夏、隗(wěi)禧、苏林、乐祥等七人被称为"儒宗"。魏国当时的教育政策比较开放,教育不再仅是皇室专属,中下层官吏以及家族子弟也能更多地受到教育。但官办学校数量少,不能满足人们的入学需求,此情况下,私学空前繁盛。魏国私学的创办者大致有两

类：一是一些士子为逃避战乱，或隐居山林，或迁往外地，他们在居住地开门授学，促进了私学的繁盛；二是一些官吏在仕途之余收徒讲学。这个被称为"儒宗"的董遇，属于在仕途之余拓徒讲学派，但他对待学生却不像孔子那样诲人不倦。

谁要拜他为师，他不愿意直接就开课教学生，会让学生先去读书百遍再说，也就是反复地读经书，因为反复读过了经书，经书里面的意思会自然而然地明白。想跟他学习的人说："您说的是有道理，只是苦于没有时间啊。"董遇说："应当用三余时间啊。"有学生问"三余"时间是什么，董遇说："三余就是三种空闲时间。冬天，没有多少农活，这是一年里的空闲时间；晚上，不便下地劳动，这是一天里的空闲时间；阴雨天，不好出门干活，也是时间里面的一种空闲时间。"

这个故事说的是董遇教学生的方法，差不多等于先给下马威，提高了门槛，他这么要求学生，能做到的很少，所以跟他的学生也很少。其实他是用自己的切身体会来要求学生的，他自己就是一个把"三余"时间都挤出来读书，然后读通了经书的人。

这个故事凝结为成语"读书百遍，其义自见"，有三点是值得我们思考的。

第一，最原始的方法是非常可靠的。读书百遍，其义自见是条件关系，一本不懂的书，读多了就会慢慢地弄懂，甚至弄透。大家都认可这个道理，这其实是学习最原始、最见功夫的方法。我们现在的阅读有精读、泛读之分，读书百遍就是一种最具精读价值的方式。读书百遍当然不会是具体的数字，强调的是反复地读。反复读一本书需要时间成本，这就带来第二个问题。

第二，读书百遍的时间从哪儿来？董遇提出"三余时间说"，三余时间不在于那个"三"，而在于提醒我们时间是挤出来的，要挤时间读书。俗话说，时间就像海绵里的水，只要你愿意挤，总还是有的。《聊斋》里的褚（chǔ）生，之所以学业优于他人，同窗也把他当老师，就是因为"能惜寸阴，加以夜半，则我二日可当人三日"。爱因斯坦说过，人的差异在业余时间。不但读书需要有挤时间的精神，其他事情也都需要挤时间的精神。现代很多人有拖延症，所谓拖延，就是让时间与事情脱节了，这可能会误大事。

第三，读书百遍，其义自见了还要老师做什么？有的人认为，老师就是用来"传道授业解惑"的，求学拜师，就是要老师给学生以指点、提示，教学生以方法、道理，解答学生的疑难问题。读书百遍那叫自学成才，可以不需要老师了。生活中很多的道理都是充分条件里面的表现之一，学习除了自学当然还要善假于物，也就是要有老师和朋友等的帮助，但是，如果只看到老师的作用，只依赖老师，就会变成老师说什么就是什么，老师没说什么就什么也不知道的片面学习。即使有老师，也不能抛弃读书百遍的方法和精神。

"其义自见"这个义可以见到什么程度呢？下面的成语可以回答这个问题。

读书百遍，其义自见

指书要熟读才能真正领会。

例句：老师时常对我们说"~"，以勉励我们好好学习。

读！读！读！最普通的方法往往是最有用的。

二

求本是关键

穷原竟委
（qióng yuán jìng wěi）

这个成语用来比喻治学要弄清源流，里面有很多文化信息。原文出自《礼记·学记》：

> 三王之祭川也，皆先河而后海，或源也，或委也，此之谓务本。

这里说的是什么叫"务本"。本就是根本，是最重要的东西。学习需要致力于掌握根本，掌握根本的方式是弄清源流。这几句话里面包含的文化信息有三个层面：一是先帝文化。原文的第一句，"三王"指的是夏、商、周三朝的第一位帝王

大禹、商汤王、周武王,由于周朝的建立与周文王增强国力密不可分,三王也指大禹、商汤王、周武王和周文王的合称。中国的历史不止有夏商周,夏商周的帝王也不止三个四个,"三王"已经与"三皇五帝"合起来成为一种奠定文明起源良好基础的标志人物。二是祭祀文化。夏商周都有祭祀水流的仪式,祭祀是一种信仰活动,人们相信,想要天地和谐共生,应该要感谢并祈祷上苍和大地山川,用一种庄严肃穆的仪式就能起到作用。作为华夏文明最早的领头人,他们在祭祀江河的时候都是先祭河神,后祭海神。三是黄河文化。古代的"河"不同于现在,古代特指黄河,黄河是中华文明的主要发源地,被称为母亲河。这条形似巨龙的中国第二长河被赋予很多文化和精神上的象征含义,这条河传说是龙的化身,我们是龙的传人;庄子笔下秋水时的河伯,是快乐、骄傲又能接受教训的黄河之神;"黄河之水天上来,奔流到海不复回"既是诗人对它的赞美,也蕴含着黄河咆哮不羁的性格特征,自古以来我们就在学习如何跟它相处,大禹治水已经成为民族精神的代表。我们在治理黄河之外,还要祭拜它,将人类希望它能和谐共处的心愿凝结在仪式里。河水会泛滥,海水也会泛滥,先帝先祭河神而后祭海神,这是因为河是水的本源,而海是水的归宿,是水的下游,也就是委。这叫作抓住了根本。

这几句话,不但产生了一个成语,也产生了两个词,一个是"原委",表示事情的始末经过;一个是"先河",表示倡导

穷原竟委

本指查探河川的源流,后指深入探求事物的前因后果。

例句:研究问题,总要~,才能把握它的本质。

解开此处千千结,须得源头活水来。

在先的事物。

如果从出处原文中来理解穷原竟委，有三点是值得了解的。

第一，这几句话在《礼记·学记》篇里是最后几句话，文章的最后一段一般是点题的焦点段落，《学记》说的是教育与学习的事情，前面所有的陈述论证归结到最后，就是核心要义。

第二，这个核心要义是：教也好，学也好，都要穷原竟委，这样才能抓住事情的关键。

第三，抓住了关键，是活用其他环节的基础。比如，若要学习道德修行就该关注所有的道德原委，道德修行最高的人会不限于一种官职，不限于一定的用处；若要学习讲诚信，就要关注诚信的所有内核，做一个最讲诚信的人，最讲诚信的人不必靠条文来约束。

穷原竟委是要看到事物的因果规律，因果规律在学习中不止要用到一件事情上，还要旁及其他。

三

类推是灵魂

举一反三 (jǔ yī fǎn sān)

  这个成语比喻从懂得的一点，类推而知道其他许多事情。形容善于推论，能触类旁通，善于学习，能够由此知彼。它是从《论语·述而》里面改造出来的——

  子曰：不愤不启，不悱（fěi）不发。举一隅（yú）不以三隅反，则不复也。

  第一句话"不愤不启，不悱不发"是两个条件句，意思是：教导学生，不到他想弄明白而不得的时候，不去开导他；不到他想出来却说不出来的时候，不去启发他。这句话说的是

教学生学习,要先给他留下思考的机会,而不是直接交给他所有的知识;最佳方式是让学生充分开动脑筋,积极思考问题,直到他有疑难想不通、想表达却说不出来的时候,再去启发开导他,这样效果更好。

第二句话"举一隅不以三隅反,则不复也",是一个大的条件句里面包含了另一个转折句的句子,意思是:如果告诉他一个角落是这样的,他却不能推悟出其他三个角落也是一样的,那么我就不再多说什么了。这里是要告诉学习者,在学习的时候不要像算盘一样拨一下动一下,要知道根据已知信息自己类推出新的认知对象的特点。

举一反三的重要原理是类推,类推是人类认知事物的一种最基本的方法。我们在认知自然和社会现象时会问自己:这是什么?这是怎么回事?然后总会以某种知识为基础,在这个基础上找出相似点和不同点,然后形成自己的结论,这种举一反三的经验积累多了就会形成一种知识系统。学习上的举一反三非常重要,我们都知道这个道理,但是,我们有时候在学习知识的时候懒得动脑筋,更多地让知识流于"一是一二是二"的分置状态,不把类推方式用在学习中,不去构建系统学习模式。从教师的角度说,如果没有做到这一点,那就与填鸭式教学、满堂灌式教学相同,对学生而言,就是一种被动学习,无法启迪心智。知识不咀嚼就被装进大脑,一路都会有信息损耗,大脑里的知识很可能失真,即使当时没失真,也可能会得

举一反三

举出一件或一方面已知的事理,可以推知与其同类的许多事理。形容善于学习,由此及彼,触类旁通。

例句:我们学习数学例题要能~,不能生搬硬套。

一一得一是乘法,一一得三是方法。

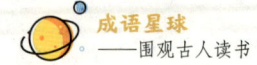

健忘症，无法变成一种学习能力，无法变成一种积极有效的素质。

把系统学习变成一种能力，这种学习能力的高一级认知是创新。

四

神似是阶梯

师心而不蹈迹

这个成语的喻义是,学习前人的理论只能学习它的基本精神,而不能死守它的具体做法。此成语出自晁(cháo)补之《跋董元画》对艺术品的评价:

> 僧巨然画,近视之,几不成物象;远视之,则晦明向背,意趣皆得。余得二轴于外弟杜天达家,近存中评也。然巨然盖师董元。此董笔也,与余二轴不类。乃知自昔学者,皆师心而不蹈迹。

这段话译为白话是:著名僧人巨然的画,近看几乎是不成

形的东西,远看则或明或暗或正或反,意趣俱佳。我在弟弟杜天达家里得到巨然画的两幅画,这两幅画与沈括的评价很贴近。不过,巨然的老师是董源,董源的笔法,与我的两幅画还是不同的。我这才知道过去的学生,都是学习了老师的风格精神,并不死守老师的具体做法。

这个故事牵涉的人和事比较多。有董源、董源的门生巨然,有评论人沈括也就是文中的"存中",有"余"和弟弟。事情是品画,文体是跋(bá)文。

我们先说说画家,董源和他的学生巨然都是中国五代南唐画家,董源一作董元,是南派山水画的开山大师,其山水多以江南真山入画,笔法并不奇峭,山石作披麻皴(cūn)做成,平淡天真。北宋书法家、画家米芾(fú)盛赞董源的画,沈括也在《梦溪笔谈》中说他用笔甚草草,近视之几不类物象,远观则景物粲然,在技巧上富有创造性。董源的名作《夏景山口待渡图》和《潇湘图》,将夏天江南的丘陵,江湖间草木畅茂、云气瀚(wěng)郁的特定景色表现得淋漓尽致。他的画技高超,深得南唐中主李璟的垂青,奉旨画的《庐山图》将五老奇峰、云烟苍松、泉流怪石和庭院别墅巧妙地绘入一图,李璟观后,爱不释手,命人挂在卧室里,朝夕观赏。有一次,大雪铺天盖地下起来,京都呈现出一片银白的世界,李璟雅兴大发,召来画坛高手联合作一幅《赏雪图》,有的画人,有的画宫殿楼阁,有的画池塘鱼禽,董源画雪竹寒林,这幅画栩栩如生。这次活动和《赏雪图》被北宋的美术评论家郭若虚记述在他的《图画见闻志》里，遗憾的是该图已经无法见到了。

董源所创造的水墨山水画新技法，当时得到巨然和尚的追随，后世遂以"董巨"并称，成为五代、北宋间南方山水画主要流派，对后世影响很大。巨然作为董源的门生，他的山水画的技法，虽出自董源，都用披麻皴技法，但自成一格，糅入一些北方山水画的构图，秀逸奇伟，在林麓间点缀卵石，玲珑剔透、清晰润泽，仿佛刚被水冲刷过一般。

再说说作者和跋文，晁补之是苏轼的门生，苏轼将门下黄庭坚、秦观、晁补之、张耒（lěi）四人合称，认为自己比外界更早地了解这四个人的优秀特点，后来就有了"苏门四学士"的称号。

跋文是文体的一种，相当于今人书后、文后的后记，多用以评价内容或说明写作经过等，又称题跋或跋尾。一般说来，主要是附于书或文章之后的说明性文字，但有的跋文带有记叙性，可以写成简洁生动的记叙文，由此也可把跋文大体上分为两类，一类是学术性的，其中包括读后感和考订书、文、画、金石碑文的源流、真伪等的短文；一类是文学性的，实际是优秀的散文小品。跋文始于唐代，宋代得到快速发展，题跋文取材广泛、形制灵活，文人多工于题跋，苏轼就写过大量题跋文，内容丰富，思想性与艺术性俱佳。苏轼善于题跋，对苏门弟子也产生了重要的影响，晁补之就写得有声有色。

师心而不蹈迹

学习前人的理论只能学习基本精神,而不能死守具体做法。

例句:~,是科学的学习方法。

学到技法是皮毛,
学到精髓能创新。

在《跋董元画》中，晁补之由沈括对巨然画作的评价而生发出议论，指出巨然的画技其实本自董源的笔法，巨然虽然师法董源，风格全不尽相同，而是继承中有创新，形成了自己的风格特色。

"师心而不蹈迹"是这篇跋文的关键句，说明聪明的学习是在学习中学到老师或者某个理论的精髓，并不是拘于成规定式，尽数袭蹈先贤技艺或理论，而是在师古中求新求变，不断提升自我，超越前人。这样就在继承中扬弃，从而形成创造力，最终青出于蓝而胜于蓝。

这一篇介绍的几个成语，可以概括为一个方法论系统：学习的方法第一要下死功夫，所谓"读书百遍，其义自见"；第二不要一叶障目，要搞清楚来龙去脉，把握事物的本质，所谓"穷原竟委"；第三不要零碎地学，要有系统观，所谓"举一反三"；第四要追求创新，不要一成不变，所谓"师心而不蹈迹"。

第十篇 读书精得圣人言

宋朝有个皇帝,他爱学习是很有名的,有一个成语就因他的一句话而定型沿用下来。读了他的故事,你就会知道这个皇帝为文化做了多大的贡献了。这是宋朝第二个皇帝宋太宗赵匡义的故事。他即位的时候国家统一、生产发展、国力强盛,于是改年号为"太平兴国",表示要成就一番新的事业。他喜欢读书,十分重视文化遗产的保护工作,命文臣李昉等十余人编纂一部规模宏大的分类百科全书,这部书收集摘录了1600多种古籍的重要内容,分类归成55门,全书共1000卷,由于所引的古书多已佚失,所以有重要的史料价值。这部书在太平兴国年间编的,始于太平兴国二年(977年)三月,成书于太平兴国八年(983年)十月,所以定名为《太平总类》。宋太宗非常喜欢这部巨著,规定自己每天至少要看三卷，一年内全部看完。皇帝这么喜欢看，书名于是改为《太平御览》，意思是太平兴国年间皇帝亲自阅读的书。当宋太宗下定决心花精力阅读这部巨著时，有的大臣觉得皇帝每天要处理那么多国家大事，还要去读这么一部大书，太辛苦了，就去劝告他少看些，也不一定每天都得看，以免过度疲劳，影响身体健康。宋太宗却回答说："只要打开书本，总会有好处的，况且我并不觉得疲劳。"他仍然坚持每天阅读三卷，有时因国事繁忙耽搁了，也要抽空补上。

（一）

正效果的境界——喜获良智

kāi juàn yǒu yì
开 卷 有 益

打开书本阅读即能得到好处。开卷：打开书本，指读书；益：好处。这个成语的意思是只要打开书本读书，总会有益处。

宋太宗这个读书的故事被王辟之记录在《渑（miǎn）水燕谈录·文儒》里面：

> 太宗日阅御览三卷，因事有阙，暇日追补之。尝曰：开卷有益，朕不以为劳也。

宋太宗由于每天阅读三卷《太平御览》，学问十分渊博，处理国家大事也能得心应手。当时的大臣们见皇帝如此勤奋读书，也纷纷效仿，所以当时读书的风气很盛，连平常不读书的宰相赵普，也孜孜不倦地阅读《论语》，享有"半部《论语》治天下"的美誉。

这里有一个值得关注的事情，一般说成语的来源都是看最早的出处，但宋太宗所说的"开卷有益"并不是最早出现的，这个成语也可以称作"开卷有得"，开卷有得比开卷有益出现得更早，它是晋宋之际文学家陶渊明所作的一封家书《与子俨等疏》里的语句，陶潜在病中给几个儿子留下一封带有遗嘱性质的家书，里面叙说了自己年轻时的事情：

少学琴书，偶爱闲静，开卷有得，便欣然忘食。

意思是，我少年时曾学习弹琴、读书，间或喜欢悠闲清静，打开书卷，心有所得，便高兴得连饭也忘记吃了。

开卷有益用到现在出现了两种现象，第一，生活中用的人少了；第二，辩论赛中火了。由于现代资讯五花八门，教育孩子的时候不太敢用它来鼓励学习，有的人说了：开卷也不一定都有益。开卷也是要有选择的，读一本好书就像在与一位智者对话；相反的，读不健康的书，会对我们的一生带来不利的影响。开卷是否有益得看开什么卷，青少年自制力还不强，不要随便"开卷"。打辩论的人也说"开卷未必有益"：现在的青

开卷有益

指读书对人有好处,也作开卷有得。

例句:要做到~,首先就要选择读好书。

不会读书的人打开书看到的是字,
会读书的人打开书看到的是惊喜。

少年，大多有强烈的上进心和求知欲，爱好读书，但他们往往欠缺辨别力。我们的大众媒体、知名专家、青少年导师们，有责任经常提醒他们读书一定要多读好书。

这个成语在辩论中引人思考，说明今天对它有了重新审视的眼光。说开卷未必有益，是把"开卷有益"解释为"只要是书，打开看就有好处"，这看起来很有道理，但是忽略了这个成语使用的语言环境。开卷有益无论在陶渊明那里还是宋太宗那里，都是有个默认前提的，那就是所开的"卷"是经典，所收的"益"是良智。采其可取者，弃其可去者。

所以聪明的学习者，追求的是开卷有益的学习效果。开卷有益累积起来可以达到下面这个成语所说的结果。

（二）

正效果的境界——积累成车

学(xué) 富(fù) 五(wǔ) 车(chē)

形容读书多，学识丰富。这个成语是从庄子对惠子的评价当中转换过来的，出自《庄子·天下》：

> 惠施多方，其书五车，其道舛驳，其言也不中。

春秋战国时期，中国思想界出现了一个繁荣的高峰，诸子百家竞相亮相，儒家、道家、法家、阴阳家、名家、墨家、杂家、纵横家等各抒己见，各展辉煌。庄子属于道家代表，他所评价的惠施就是名家的代表惠子。

这四句话，前面两句是在夸惠子的才华学识好，后面两句是批惠子的学说不好。庄子认为惠施博学,脑子好使,会很多方术,他的学识能装满五车,但是他说的道理却有许多是舛误与杂乱的,他的言辞也有不当之处。文中的"其书五车"后来就演变为成语"学富五车"。

这里有两个问题。

第一,学富五车的学问到底有多大?"五车"该怎么理解?

第二,庄子的四句话总体上看到底是批评还是表扬惠子的?

我们先看第一个问题。这个问题牵涉到对原文"其书五车"的理解,有三种说法,一是说惠子读了五车书,二是说惠子写了五车书,三是说惠子的书够用来斡旋五国兴衰。这三种说法当然有道理,如果非要论实的话,第二种似乎更有道理:如果说惠子读了五车书,这在诸子百家里面应该不值得庄子特别提出来;如果说惠子的书够当时五个国家用来治理国家,那也是没有任何依据的,虽然惠子倡导并促成了合纵抗秦,合纵国比较多,但用来劝说魏国、齐国、楚国的道理是一样的;说惠子写了五车书,那是了不起的,当时没有纸张,字写在竹简上,一根竹简写一句话,用牛皮连缀起来卷成一捆一捆的,就是书。相传西汉的东方朔给皇帝写自荐报告,写了3000片竹简。简牍很重,当时的车是马车,所以,惠子自己写的竹简书用五辆马车或牛车才装得下,既能表现惠子的思想成果非常丰

富,又比较符合实际。惠子是名家的代表,创立学说需要进行系统论证,不是简单的篇章能打开局面的,此外,他要游说,游说不但要宣传自己的哲学道德主张,还要论证其他主张的局限。有个传说,说惠子每次出门都要赶着五辆马车,拉着满满五车书,如果是这样的话,那么车上的书应该既有别人的经典也有自己的著作。

由于惠子的著作已经失传,他到底写了多少东西已经成谜,到了成语"学富五车",这个"五车"已经是泛指"多"的意思了。

再来看第二个问题。有的人认为这四句话总体上是批评惠子的,写的书越多,说错的话也越多。这么说逻辑上有一定道理,但不一定符合实际。要了解庄子的态度,先得了解庄子与惠子的关系。庄子和惠子都是宋国人,惠子是著名的政治家、辩客和哲学家,他当过魏国的相国,主张合纵抗秦,动员魏国、齐国和楚国联合起来对抗秦国。当时的张仪是主张连横的,就是各国联合起来亲善秦国。后来,魏国在三寸不烂之舌张仪的连横战略中,被张仪击中软肋,被迫改用张仪为相国,从合纵队伍里的抗秦退出来亲秦,惠施与张仪不合,被驱逐出魏国。惠施先是到了楚国,这时候的政治形势很敏感,楚国先是对惠施很好,但又不敢多留他,楚国谋臣说如果接纳惠子就会得罪张仪,惠子的家乡是宋国,不如把惠子送到宋国,两边都不得罪,于是惠子被送到宋国。三年后,由于各国的支持,魏国改用公孙衍为相国,张仪离去,惠施重回魏国。惠子在辗转回到宋国的时候,与宋国老乡庄子成为要好的朋友,他们都是博学好辩善辩的人,所以又是辩友。惠子喜欢倚在树下高谈阔论,疲倦的时候,就把琴当作枕头睡觉,这种态度庄子是看不惯的,但他也常被惠子拉去梧桐树下谈学问,或去田野散步。很多历史上有名的辩论,便是在他们散步时发生的。比如有名的"濠梁之辩",是庄子和惠施在濠水的一座桥梁上散步发生的。庄子看着水里的鲦(tiáo)鱼说:"鲦鱼在水里悠然自得,这是鱼的快乐啊。"惠子说:"你不是鱼,哪里知道鱼的快乐呢?"庄子说:"你不是我,怎么知道我不知道鱼的快乐呢?"惠子说:"我不是你,本来就不知道你;你本来就不是鱼,你不知道鱼儿的快乐,也是完全可以断定的。"庄子说:"请回到我们开头的话题。你说'你哪里知道鱼的快乐'等等,就是已经知道了我知道鱼的快乐而问我,我是在濠水河边上知道的。"这个辩论,双方咬得很紧,可以看到庄子最后用诡辩来开脱自己,幽默开怀,两人十分享受这种辩论的过程。惠子比庄子大20岁,他的死对庄子影响极大,庄子认为惠子死后,就没有可辩论的对手了,也就没有什么话可以说了,缄默了20年。

  庄子和惠子,是两个快乐的辩友,互相欣赏、互相攻击、互不介意,可以无话不说,庄子更加霸蛮,一点儿也用不着对惠子客气或者顾忌。他们虽然可以畅聊,但毕竟哲学思想有

学富五车

指学识有五车书那样丰富。形容读书多，学识渊博。

例句：苏轼是个~的大文学家。

别，一个道家，一个名家，所以庄子一方面十分赞赏惠子聪明、学识丰富，另一方面又不同意他的主张，认为他所推崇的"道"是驳杂错误的。反过来，这样的评价如果是惠子用来评价庄子，也是适用的。因为任何理论或者哲学思想，都不是绝对正确、绝对适用的。这也是当时百家争鸣各家都有一席之地的原因。

惠子的著作已经失传，只有《庄子·天下》篇保存有他的十个命题。惠子认为：整个空间大到无所不包，不再有外部，也就是大到极点而没有边际的，称为"大一"；物质最小的单位，小到不可再分割，不再有内部，也就是小到极点而没有内核的，称为"小一"。由"小一"构成的万物形态千变万化，在"大一"中所处的位置各不相同，因此又可以说"万物毕异"。没有厚度，不可累积，但能扩大到千里。天和地一样低，山和泽一样平。因为测量的人站的位置不同，所看到的高低就不一样。站在远处看，天和地几乎是接近的；站在山顶上的湖泊边沿看，山和泽是平的。太阳刚升到正中，同时就开始西斜了；一件东西刚生下来，同时又走向死亡了，连环可以解开。他把事物的异同看作相对的，但又是统一在一起的，这里包含有辩证的因素。

所以，总体上庄子对惠子的评价是出于客观目的，体现了和而不同，不一定是总体否定。

学富五车不是人人都能取得的学习效果，但积累再积累是

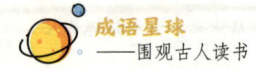

人人都可以做到的。

　　古人不但告诉我们学习效果好的可以学富五车、开卷有益，古人还告诉我们要警惕不好的效果。

　　下面是对学习效果进行批评讽刺的成语。

三
负效果的警示——不伦不类

huà　hǔ　lèi　gǒu

画 虎 类 狗

类：像。字面意思是，画老虎不成，却像狗。比喻模仿不到家，反而不伦不类，也比喻好高骛远，一事无成，反成笑柄。这是从一封家书里面流传开来的成语，原文出自《后汉书·马援传》：

> 效季良不得，陷为天下轻薄子，所谓画虎不成反类狗者也。

我们也常说"画虎不成反类犬""画虎类犬"，但这个成语的原文是"狗"，"狗"的本义是"小犬"，是没有长出长毛的

"犬"，古代大的叫犬，小的叫狗。

这里说的是马援的故事。马援是东汉初年的一位名将，由于屡立战功，被封为伏波将军。据说，马援不但在军事上有一套办法，在文化修养上也相当有水平，是个儒将。马援的哥哥有两个儿子，一个叫马严，一个叫马敦，从小便是由马援管教长大的。后来马援长期在外地带兵，不常回京城，有一天，有人从京城给他捎信说："您这两个侄子现在长大了，很不成器，不学无术。他们仗着家里有地位，在社会上结交了各种各样的人，毫不检点，喜欢在别人后面说长道短，喜欢讥评时政、结交侠客，整天在京城里闲逛。"马援听后心里很着急，心想：教年轻人如何修身立业，是很重要的。于是，他立即给两个侄子写了一封信，告诫他们应该如何做人。这封信叫《诫兄子严、敦书》，信的文笔和意思都很好，成为古文的名篇，还被收入了《古文观止》。马援在信里说：听说你们俩已长大成人，结交了一些社会上的朋友；但是，交朋友一定要注意呀。比如龙伯高这个人，他为人忠厚、勤俭、廉政，而且讲信义，在做人上有很多优点，我对他非常尊敬。像他这样的人，你们弟兄俩应该多接近。但是我听说你们和龙伯高交往不多，却与杜季良交往密切。杜季良这个人，我也很赞赏他。听说他广交天下豪杰，好人坏人都可以跟他交朋友。我还听说他很讲义气，正因为这样，听说在他父亲死的时候，许多人都来出席丧礼。不过，我认为你们应该少跟杜季良这样的人交往，多跟

画虎类狗

意思是画老虎不成,却像狗。比喻由于模仿不到家,反而不伦不类。

例句:抄袭别人的东西,容易文不对题,会闹出~的笑话。

丑小鸭有机会成为天鹅,
巴儿狗永远成不了老虎。

龙伯高那样的人交往。为什么呢？因为从整体修养来说，龙伯高是一个贤德的人。如果你们学龙伯高学得不好，起码学成一个循规蹈矩的人，就好比想要画一只天鹅，即使画得不好，起码可以画得像一只鸭子，不失爽朗之气；但是如果你们经常跟杜季良这样的人交往，他身上有优点也有缺点，你们如果学他，又没有好好学到人家的优点，只学到缺点，就会变成轻浮的人，就像画老虎，画得不像就像狗了，这是得不偿失的，跟人交往一定要注意。

马援不愧为文武双全的儒将，用画虎类狗把如何学习与人结交的道理解释得十分形象。为什么会画虎类狗呢？因为只学到其一，没有学到本质。在学习的过程中一定要知道它的精髓是什么，不要学表面的东西，更不要学不良方面的东西。

我们常常说要向古人学习，向古人学习也要注意会不会出现画虎类狗的情况，如果出现了，可能是消化不良造成的"食古不化"。

四
负效果的警示——消化不良

食古,意即读古书。食古不化指对所学的古代知识理解得不深不透,不善于按现在的情况来运用,跟吃了东西不消化一样,泛指拘泥不知变通。这个成语,介绍来源比较多的是与绘画艺术有关系的一个评价,出自恽向《题自作画册》:

> 可见定欲为古人而食古不化,画虎不成、刻舟求剑之类也。

这里说的是绘画方面不能食古不化。作画贵能自成风格,古人用笔如弹琴,断弦入木都有玄机,一笔而能藏万笔。元代

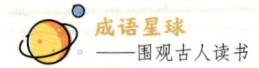

四大画家之一的梅道人吴镇笔尖明暗有致,而且配的诗文也很精妙;宋代画家许道宁善于将严整与散乱、远与近融于一体,意象迷离、生机盎然。他们都有自己的风格,如果一定要照着他们的作品来画而又没有把古人作品的精华消化在自己的画作中,这就是食古不化,结果便是画虎不成反类犬,模仿没有得到精髓。

绘画不能食古不化,读书也不能食古不化,否则就会出现生搬硬套的事故。

古代沧州有个名叫刘羽冲的人,生性孤僻,不好动,最喜欢看古书,经常对别人讲古制,而那些古制实际上都只是纸上谈兵,不可能真的实行。一次,刘羽冲偶然得到一部古代兵书,立刻将之视为稀世宝贝,每天伏案苦读,经年累月,他对这本书已经熟悉到可以倒背如流的程度,自称如果有十万雄兵可以让他统率,必能干出一番惊天动地的大事业。恰巧,当地冒出一股土匪,时常出来扰民,闹得百姓人心惶惶。刘羽冲就开始大张旗鼓地训练乡兵与土匪较量,结果全军溃灭,他本人也差点儿成了土匪的俘虏。

后来,刘羽冲又得到一本水利方面的古书,又像从前那样伏案苦读,经年累月,又自称可以让千里瘠土变成肥沃良田,口说无凭,还特意绘图加上文字说明,呈送到州官那里。州官也想为老百姓做点好事,就批给刘羽冲一个村庄做试验。刘羽冲召集人开始行动,在村子里挖沟渠的活儿才干了一半儿,适

食古不化

学习古代的东西却没有真正理解。

例句：~的人很难适应快速变化的环境。

食物消化了才能养身体，
书本消化了才能长智慧。

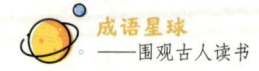

逢大水袭来，顺着沟渠灌到村子里，导致村民被水围困了好几天。

两次相信古书却导致失败，让刘羽冲变得心情抑郁，他每天长吁短叹，愤愤不平地自言自语："古人岂欺我哉！"这六个字被他一天重复千万遍，不久就发病而死。一个人因为读了几本古书，就一味学习古人，拘泥陈法，不懂得灵活运用，这就如同吃了东西不消化一样，最终闹出笑话，甚至丢了性命，也就不足为怪了。

食古不化，是个很好的譬喻，读书一定要能"化"，要能消化，要充分理解并能有效使用，"化"了之后才能变为自己的东西，根据自己的需要加以使用；否则，将读过的东西原封不动地搬出来，自己既不会运用，别人也不会弄懂你的意思。

这一篇的四个成语，从正反两方面告诉我们，学习的成果其实是需要有一定境界的。有了一定的境界，我们就不用担心"开卷有益"会不会不分青红皂白；有了一定的境界，我们就能像惠施那样"学富五车"或接近学富五车；有了一定的境界，我们就能分清"画虎类狗"的弊端；有了一定的境界，我们就能继承好古代文化，避免"食古不化"，真正做到古为今用。境界其实就是开启聪明大脑的一个机关。

第十一篇　待到金榜题名时

清代小说家吴敬梓的《儒林外史》中有一个范进中举的故事，他连考20多次，没能进学。好不容易到54岁考到了个举人，一夜之间嘲笑变成掌声，房子、钱粮、商铺、田产、仆人全都有了，他激动得无法控制，竟然疯了。古人读书的鉴定书，常常是通过科举来认定，古代科举考试有院试、乡试、会试、殿试等不同级别的考试。通过院试的为秀才，能参加乡试；乡试通过的为举人，能参加会试；会试通过的为贡士，能参加皇帝或钦命大臣主持的殿试；通过殿试的为进士，进士都会在金榜上列出名字。范进中举只是通过乡试，殿试才是最后的考试。科举考试历史悠久，并产生了一系列与考试结果相关的成语。

一 欣喜的成果

金榜题名
（jīn bǎng tí míng）

金榜：科举时代称殿试揭晓的榜；题名：写上名字。金榜题名指科举得中，泛指通过考试后被录取。这个成语来自于唐代诗人何扶《寄旧同年》：

> 金榜题名墨尚新，
> 今年依旧去年春。
> 花间每被红妆问，
> 何事重来只一人。

这个成语一般认为是从这首绝句来的，关于绝句作者何

扶的介绍却极少。虽然何扶的故事不详，但金榜题名的故事很多。

故事一：巧助。王安石是北宋有名的文学家、政治家，也是唐宋八大家之一。据说23岁那年，王安石进京赶考，路上看到一户宅院外挂着明晃晃的走马灯，灯上"走马灯，灯马走，灯熄马停步"的对子格外显眼，他不禁拍手连连叫道："好对！好对！"之后就匆忙赴考。第二日进考场，王安石才思泉涌，第一个就交了卷子。主考官知道了，就请他面试，心想这小子在这么短时间内交了卷子，一定要出个难题考考他。于是他指着飞虎旗说："飞虎旗，旗虎飞，旗卷虎藏身。"王安石听后，顿时脑瓜子一亮，脱口而出："走马灯，灯马走，灯熄马停步。"主考官听后惊讶不已，上下扫视王安石一遍，如获至宝。考试结束，王安石就返程回家，路过那座大宅院时，特意进门致谢，并挥笔写下：飞虎旗，旗虎飞，旗卷虎藏身。宅院主人马员外见他对得这么工整，觉得王安石一定是可塑之才，就把自己的宝贝女儿许配给他。在拜堂成亲当日，传来喜报：王安石金榜题名，高中进士。这真是"金榜""花烛"双喜临门哪！

故事二：神助。倒霉穷秀才欲自杀，河边救一条红鲤鱼，得龙王相助金榜题名。唐朝初年，有个叫唐泊的秀才，他四体不勤，五谷不分，不事稼穑，终日苦读圣贤之书。某日家庭突遭变故，一贫如洗，他成了一个地地道道的穷酸秀才，此后屡次科举考试皆落榜，常被人取笑，心灰意冷，准备寻一处了结自己。

心中想道：自己也曾是豪门子弟，虽遭逢意外，导致家道中落，但怎么也不能去做一个饿死鬼，便在寻死之前，到酒楼准备大吃一顿，在世不能出人头地，为鬼怎么也要做个饱死鬼。唐泊饮食习惯颇怪异，食肉只吃鱼肉，进店点了一份红烧鱼，一份清蒸鱼丸，心满意足坐等上菜，却被告知，因前几日逢大雨，打鱼者未出门，这几日已将存货用尽。唐泊很是气恼，摔门而出，心想老天连死都不让他死得安心一点，食指指天，对天怒吼道："我唐泊此生食肉类，只吃鱼肉，临死之前竟不让我食，那我便学那屈原，投江自杀，将自身血肉喂养江中鱼。" 随即出城，往江边去。因大雨刚停几日，道路依旧泥泞不堪，处处都是小水塘，脚滑摔了一个四脚朝天，浑身湿透，沾满泥浆，更怒，越怒越摔。等到江边时，头发上泥浆还在掉落，身上衣着的本来颜色已经不能辨识。站江边，想要投江时，听到溅水的声音，转头一看，一草丛堆里，有一浅浅的水坑，坑中有一红鲤鱼。唐泊这辈子也没见过这么漂亮的红鲤鱼，其鳞片整齐划一，颜色别样的鲜红，浑身的线条都是那么优美。可是此时，再美丽也跳不出那水坑，跳不入它想跳进的江水里面去。唐泊不由自主地想起自己，自认为读遍古今，晓通四书五经，奈何就是屡次科举名落孙山。见红鲤鱼如此，本准备将其杀之，再食之，随即放弃了这个念头，将其抱起，走至江边将红鲤鱼投入江中，红鲤鱼在江面游了几圈便沉入水中，不见踪影。唐泊在江边坐了很久，然后跳入江中。

第二天他醒了,起身一看,自己还在昨日跳江的岸边草堆上,不过此时全身都很干净了。身旁有一个包裹,打开看有一封信,还有黄金十两。信中内容为:小女子本为龙王之女,贪玩跃出水面,却不料越过江水,落入一水坑中,得恩公搭救,甚是感谢,见恩公投江自杀,寻父皇将你救出,留此信和黄金十两。愿恩公用此钱作盘缠,上京赶考,父皇言你若去,此次必中,望恩公金榜题名。唐泊读完,怀揣十两黄金,回家收拾几番便一路上京赶考去了。考试时可谓春风得意马蹄疾,考题都如早先做过一般,信手拈来,一气呵成。考完唐泊信心满满地坐等成绩下来,最后不出所料如红鲤鱼信中所说:金榜题名。他回到家乡,乡里乡亲皆来唐泊府中祝贺,却见不到他,他不在家。原来唐泊一回乡就跑去自己放生红鲤鱼的地方谢恩。他站在江边,跪地大喊:谢龙王的大恩大德,愿于家中供奉龙王。等了几个时辰也无人应答,唐泊便起身行了一次跪拜之礼,转身回去。

故事三:神聊。唐朝的时候,有一名书生叫宋经纶,生得英俊潇洒,才高八斗且才思敏捷,谈吐幽默风趣好开玩笑。他的私塾先生曾告诫他:你样样都好,只是说话无遮拦,须知病从口入,祸从口出,今后需谨言慎行。但是他不以为意。十八岁那年,宋经纶中了举人,还娶了一位温柔贤惠漂亮的妻子,正应了"洞房花烛夜,金榜题名时"那句俗语。他的妻子叫杨雪儿,是一位大家闺秀,婚后夫妻恩爱,受宋经纶熏陶,两人经常互相逗趣。第二年，宋经纶进京赶考，妻子很是不舍。临别时，妻子对他的吃穿住行安排得很周到，并反复叮咛："考上与否不重要，关键是注意身体，早日回家，莫抛弃了你的妻子。"宋经纶笑道："娘子放一万个心，功名于我如囊中取物，无论考中与否，我都会早日回来。" 宋经纶经过会试、殿试一举夺魁，被授为监察御史。他很想念多日子不见的妻子，迫不及待想要把好消息告诉她，于是打算写一封家书让仆人快马加鞭送回去，写着写着，他开玩笑的毛病又犯了，于是在家书后面加了一句：这些日子在京城孤单一人，为排遣寂寞，于是我纳了一个小妾，等候你快点到来，让你们姐妹早日见面。杨雪儿接到丈夫的家书，迫不及待打开，读完后信以为真，闷闷不乐，对贴身丫鬟说："官人刚刚做了官，就娶了个二夫人。"丫鬟大惊："怎么会呢？主人不是那样的人，这绝对是在和你开玩笑，夫人不要担心，去了便知分晓。" 杨雪儿想到丈夫平日的作风，也不相信他是喜新厌旧之人，于是心里也就释然了。但是想到自己日日思念丈夫，丈夫却开这样的玩笑，决定将计就计，于是回书一封，写道：你在京中娶了小妾，我在家中闲得无聊，也改嫁了。信到的时候，宋经纶正在和同科进士、第二名榜眼在一起喝酒。这榜眼叫郑爽歪，本来对自己屈居第二名耿耿于怀，但是表面上并没有显露出来。宋经纶喝得已有几分醉意，收到妻子的家书，竟当着郑爽歪的面读起来，读到一半，猛然醒悟，解释道："是我先开玩笑，她才戏弄回来，根本没有这回事，你可

金榜题名

原指科举得中。后泛指升学考试被录取。

例句：小王经过努力学习，终于~，考上了大学。

兼程迎霜儿许重，
张榜洗尘一身轻。

千万别误会。"郑爽歪听了哈哈大笑,说道:"真是罕见,这样的玩笑一般人可不敢开呀!" 事情就这样过去了,宋经纶也没放在心上。不料,过了一些日子,竟被郑爽歪以"行为不检点,做事不稳重"平白无故告到都察院,后经查证,以莫须有的罪名,宋经纶被降为知县。后来他们夫妻相见,都追悔莫及,宋经纶长叹道:"病从口入,祸从口出,此言果然不虚,看来玩笑不能随便开呀!"从此以后,宋经纶开始谨言慎行。

这几个故事告诉我们,考试可能有机缘巧合,但这只是传说罢了,更能让人金榜题名的是在路漫漫中夯实自己,王安石绝不是凭借这种巧合考上的,穷秀才也不是靠龙王帮助的。

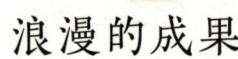

浪漫的成果

蟾宫折桂

这个成语的现代用法引申为获得很大的成就或很高的荣誉，多指金榜题名；还指体育比赛中运动员获得冠军，社会生活中人们参加各种考试，取得较好的名次。

这个成语的解读要注意两点，一是文化意义的传说，二是成语与文化意义的勾连。

古今之人凡是祝贺科举中举和高考高中之人都用"蟾宫折桂""攀蟾折桂""月桂高攀""桂折一枝""折桂"等词语。从字面上看，蟾宫、月桂，就是指月宫、月中桂树。蟾宫称月宫，是因为月中有长着三只脚的蟾蜍，而这蟾蜍又是嫦娥奔到月宫后被罚变成的。蟾蜍就是癞蛤蟆。月中有桂树的传说由来已久,早在西汉时淮南王刘安《淮南子》中就有记载。《太平御览》卷九五七引《淮南子》:"月中有桂树。"到了唐代,段成式《酉阳杂俎(zǔ)》中记载则进一步演绎出吴刚砍桂的神话。传说月中桂树高达五百丈,吴刚因学仙术违规被罚在月宫砍桂,每砍一斧,桂树的创伤就会立即愈合,因此吴刚常年在月宫砍桂而始终砍不倒树。关于月中桂树的传奇故事,被古人演绎附会得五花八门,尤其以唐宋两代为盛。月中桂树又被命名娑罗树、骞树,月中桂树的果实每年四五月后飘落人间,称"月中桂子"。反映了古人对月中桂树的确深信不疑,文人学士每当中秋望月,吟诗作赋,都把月中桂树、桂子作为常用的典故。因有月中桂树的传说,所以人们又称月亮为"桂月""桂宫""桂窟""桂轮"等。

以上只是说明月中有蟾蜍和桂树的传说,后来把月桂与科举考试联系起来是缘于晋代名士郄诜(qiè shēn)与晋武帝的一段对话,原文出自《晋书·郄诜传》:

> (诜)累迁雍州刺史,武帝于东堂会送,问诜曰:"卿自以为如何?"诜对曰:"臣鉴贤良对策为天下第一,犹桂林之一枝,昆山之片玉。"

郄诜,字广基,济阴单父(今山东单县)人。他从小发奋读书,长大后博学多才,风度翩翩。

公元265年,曹魏大臣司马懿之孙司马炎篡夺皇位,改国号为"晋",史称西晋,定都洛阳。建国之初,百废待兴,晋武帝司马炎昭告天下,让各地举荐贤良、直言之士。太守大力推举,郤诜来到洛阳,参加朝廷举行的公开选拔活动。在对策考试中,郤诜才思泉涌,成绩最终名列第一,被朝廷任为议郎。

郤诜举家搬到洛阳。他秉公办事,为官清正廉洁,对母亲非常孝顺。他家境清贫,母亲病了,他甚至连载母前去看病的车也没有。母亲病故后,由于家里过于贫穷,雇不起车马运载母亲灵柩返乡,他就在住的堂屋北面辟一块地,将母亲的棺木暂厝(cuò)起来,还在墙上开了一个门洞,早晚哭拜。随后三年间,他养鸡种蒜,维持生计,最终用养鸡种蒜而得的钱雇了八匹马,把母亲的灵柩拉回家乡,使母亲入土为安。

为母守丧期满后,郤诜被朝廷召为征东参军、尚书郎、左丞等官职。他每到一任,总是勤勤恳恳,励精图治。后来,郤诜升任雍州刺史。晋武帝非常看重他,特别集合百官,在宫廷的偏殿给他送行。其间,晋武帝想起郤诜当初的对策考试表现,就问道:"你认为自己的才学如何?"郤诜回答道:"我那时在朝廷举行的贤良对策考试中名列天下第一,这就像桂树林里的一枝花,也好比昆山上的一块美玉。"听了他这一番自夸的话,晋武帝大笑。现场的一位高官却认为郤诜过于狂傲,立即奏请免除郤诜的官职,晋武帝却说:"我和他是在开玩笑,不要怪罪。"

由于郄诜以"桂林一枝"自比,有的人认为郄诜所言桂林就是指桂树丛林,并非指月中桂树,后来人们将郄诜话中的桂林和月中桂树联系在一起,完全是人们联想的结果。中国古代科举场,每年秋天大比,刚好在八月,因为月桂在月中,而月又高高在天上,人们升级或科举高中如同平步青云、一步登天,所以地上的桂林一枝,就如同天上的月桂一枝。而月中又有蟾,月宫也叫蟾宫,就有蟾宫折桂的说法了。所以,人们将科举应试得中的进士、举人称为"月中折桂"或"蟾宫折桂",以此比喻科举考试得意。对广大读书士子来说,桂花树具有独特的象征,往往被视为科举中第的吉兆。

唐代以后,科举制度盛行,蟾宫折桂便用来比喻考中进士。唐代大诗人白居易先考中进士,他的堂弟白敏中后来中了第三名,白居易写诗祝贺说:"折桂一枝先许我,穿杨三叶尽惊人。"围绕蟾宫折桂,不少地方还有这样的习俗:每当考试之年,应试者及其家属亲友都用桂花、米粉蒸成糕,称为广寒糕,相互赠送,取广寒高中之意。

人们把月桂与科举联系起来,表现出古代人民对月亮的美好向往,有一种高远柔美的意象,下面一个成语则显得气势十足。

蟾宫折桂

在月宫里攀折桂枝。指科举时代考中进士。

例句：读书郎，十载忙，~实现梦想。

蟾宫之桂，远方的诗；
迎风而往，逍遥任游。

三
霸气的成果

独占鳌头
dú zhàn áo tóu

鳌头：宫殿门前台阶上的鳌鱼浮雕。这个成语原指科举时代考试中了状元，现泛指占首位或第一名。

科举进士发榜时状元站此迎榜，皇帝在殿前召见新考中的状元、榜眼等人，状元跪在前面，正好是飞龙巨鳌浮雕的头部。科举考试的殿试第一名叫状元，第二名叫榜眼，第三名叫探花。宋代以后的殿试分三甲（三等）录取，一甲赐进士及第，二甲赐进士出身，三甲赐同进士出身。值得注意的是，古代文献中所用的"独占鳌头"要辨别是夸张还是写实。比如《陈州粜（tiào）米》楔（xiē）子中的"独占鳌头"就属于夸张的用法：

殿前曾献升平策,独占鳌头第一名。

《陈州粜米》全名是《包待制陈州粜米》,是中国元代杂剧作品。此剧写宋仁宗年间,陈州大旱三年,朝廷派刘得中、杨金吾前去放粮赈灾。刘、杨二人把这事当成发财的美差,把米价抬高一倍,还在米里掺秕糠,小斗量米,大秤收银,中饱私囊,发国难财,灾民张撇古与他们理论,被他们用御赐的紫金锤打死。这事传到朝中,朝中大臣范仲淹等人建议仁宗派包拯去查办此案。在剧中,范仲淹一上场就自述经历,用了这两句话。但杂剧是文艺作品不是史书,实际上范仲淹是中了进士但不是第一名状元,这里是一种夸张手法。范仲淹在这个剧里面是包拯的配角,包拯微服私访,查明粜米案真相,为民申冤。包拯和范仲淹一样,也是中了进士以后当的官。虽然没有那么霸气地独占鳌头,但包拯所做的事是非常霸气的。

传说中,包拯出生的时候是个肉球,母亲很害怕,以为是妖魔降临,便让父亲把包拯扔到寒冰坚封的河里。包拯的哥嫂听说母亲临产,便早早伺候,见父亲已将小弟扔掉,心里颇为惊怒,急忙赶到河边,只见不远处一个花色包裹,旁边端坐一只威风八面的老虎。老虎看到两人,长啸一声,扬长而去。两人把弟弟抱回来用心抚养,直到长大成人。因为长得又黑又丑,哥嫂通常不让包拯外出,只是让他专心攻读,以参加科举求取功名。幸运的是,包拯考上了进士,当了知县,他白天打理政务，办案公允，当地政通人和，晚上不忘阅读。皇帝为了褒奖包拯勤于政事，政绩卓著，特别授予包拯三口铜铡（zhá），上铡君，下铡民，不上不下铡罪臣，紧急时刻免奏君，权势之大，朝堂之上无出其右者。包拯智慧超群，断案如神，神鬼不欺，平民无二，深受百姓爱戴，世人尊称包公，那黑黑的脸儿也成了魅力的象征、公正的招牌。

唐宋时，皇宫正殿雕龙和鳌于台阶正中石板上。考中进士者站在阶下迎榜，而头名状元则站在鳌头上，称为"魁星点斗，独占鳌头"。魁星，古人用来指北斗星中主管文运的神。

明清时的"金殿传胪（lú）"，一般于殿试后两天举行。这一天，皇帝在太和殿召见新科进士，进士们个个身着崭新公服，头戴三枝九叶冠，得意扬扬，分左右两班站在文武百官后面，毕集于金銮殿丹墀（chí）下。鼓乐声中，皇帝驾到升座龙椅，群臣三呼万岁后，礼部官员捧出钦定的金榜展开，由传胪官按榜依次唱名，即宣布考取进士者的姓名、名次、籍贯。每唱到一名，由多个侍卫接力高声重复着从殿内传向殿外，其中一甲三名的状元、榜眼、探花，均要连唱三遍，以示与众不同。新科进士听到传唱，走到中间的御道上站定，向皇帝叩拜谢恩，成了天子门生。传唱完毕，传胪官引导一甲三名的状元、榜眼、探花，走到天子座前的阶下迎接殿试榜。其中的状元位置居中，且稍前于榜眼、探花，如三角形的顶角位置，正好站在第一块御道石正中镌刻的巨鳌头部，独个踏站在鳌头

之上。

这种鳌头迎榜是怎么来的呢?有个有意思的传说。

古代有一个秀才,名字已不可考,后来就叫他魁星。此人聪慧过人,才高八斗,过目成诵,出口成章,可就是长了满脸麻子,一条腿还瘸了,走起路来一拐一拐的。他的文章写得太好了,终于被乡试、会试步步录取,一次次高中榜首。到了殿试时,皇帝亲自面试他的文才,一看他的容貌和画着圈上殿的走路姿势,心中不悦,皇帝问:"你的脸是怎么搞的?"他回答:"麻面映天象,捧摘星斗。"皇帝觉得这人怪有趣的,又问:"那么你的脚怎么了?"他又回答:"一脚跳龙门,独占鳌头。"皇帝很高兴他的机敏,阅读完他的文章后,更是拍案叫绝:"不愧天下第一!"于是钦点他为状元。说他后来升天成为北斗魁星,主管功名禄位。据说从此开始,皇宫正殿台阶正中的石板上雕有龙和鳌的图案,一只魁斗放在旁边,殿试完毕发榜时,应试者都聚到皇宫门前,进士们站在台阶下迎榜,状元则一手持魁斗,一脚站在鳌头上亮相。

现在的独占鳌头用得比较宽,只要是第一就可以用。比如考试第一、比赛第一都可以用。

当然,考试总是有失利的,成语里面用来说成功的多,说失利的也有一个很有意思也很有文化内涵的。

独占鳌头

科学时代表示中了状元。后泛指在竞争中居于首位。

例句：这次演讲比赛，李明~。

状元站鳌头，责任重千斤。

四

遗憾的结果

白蜡：比喻光秃空白。明经：科举制度中科目之一。比喻屡试不中。我们看下面的文字，它记载的是唐代两种科举考试的事情。原文出自曾慥《类说》：

> 张鷟（zhuó）号青钱学士，以其万选万中。时有明经董万，举九上不第，号白蜡明经，与鷟为对。

这几句话是用对比衬托的方式说唐代科举考试中两个人的差异。第一个人是张鷟，他是一个墙里开花墙外香的人，虽然没有获得过类似现代的诺贝尔文学奖，但是新罗和日本的使节每次来到朝廷，都削尖了脑袋四处打听这个人有没有新的作品问世，一旦打听到有，立刻不惜重金和珠宝，把他的新作买走，回国后广为传诵。他的名字为"鷟"，也是有来头的，《唐书》上说，他小时候梦见一只大鸟，紫色的，从天空中飞下来，落在他家门前不愿离去，他告诉了祖父。祖父说："这是吉祥的征兆啊！当年蔡衡说凤的种类有五种，其中红色的是凤，青色的是鸾，黄色的是鹓雏（yuān chú），白色的是鸿鹄，紫色的叫鸑鷟（yuè zhuó）凤凰。这鸟是凤凰的辅鸟，你将来能够辅佐帝王执政啊。"于是就给他取了张鷟这个名字。张鷟非常顺利地中了进士，之后，他应答朝廷的策问，梦见吉祥之云盖在他的身上，果然主考官认为他颇有见地，算得上天下第一，随即成为岐王的属下。

有一天晚上，张鷟梦见自己穿着红衣服骑在毛驴上，睡梦中他还责怪自己，我应该穿绿衣裳骑在马上啊，怎么能穿着红衣裳骑在驴上呢？那一年他又去考科举而且又考中了，被授予鸿胪丞一职，后来不用考试又被授为五品官。

张鷟聪慧绝伦、文辞出众，他为了得到更好的职位多次参加科举考试，每次都考中了。当时有个大学士，本名叫员余庆，他的才能得到老师王义方的欣赏，评价极高，说："五百年有一贤者降生，你对此当之无愧。"余庆因此改名为"半千"，应了老师的五百年之夸。到张鷟参加科举考试的时候，余半千是有名的大学士，他跟别人称赞说，张鷟的文章就像青

铜钱一样好（用青铜铸的钱币，为铜钱中的上品），用这样的文章来考试完全没有问题，必定高中。于是大家就叫张鷟"青钱学士"，这个称呼成为他在士林中的雅称，这个雅号后来成了才学高超、屡试屡中者的代称。

科举考试在隋朝兴起的时候只有进士科，隋炀帝时的科举分两科，一称明经，另一称进士。到唐代，大大增加了科目数量，但明经和进士仍是选拔官员的主要科目。贞观十八年（644年），对录取名额开始有规定：明经进士，每年考试所收人，明经不得过一百人，进士不得过二十人，如无其人，不必要满此数，也就是宁缺毋滥。明经科主要考儒家经典，考试是先帖文，类似填空题，摘录经书的一句并遮去几个字，考生需填充缺去的字词；然后口试，经问大义十条，答时务策三道。进士科主要考试诗赋和政论，没有一定的才华，靠死记硬背是没有用的，因此难度更大。当时曾有一句话叫作"三十老明经，五十少进士"，也能表明进士和明经的地位。考进士很难，考明经也不容易，参加科举的学子们大多数尽其一生还是无法获得功名。董万就考了九次都没考过，当时就被拿来与屡试屡过的张鷟对举，也送他一个称呼叫"白蜡明经"。为什么叫"白蜡"呢，因为蜡的特点是光滑不着物，用来比喻戏称他屡试不第，做事无成。后来这两个科举典型就用"白蜡明经"与"青钱学士"以对比的方式记载在成语中。

在科举考试中，能考上状元、榜眼、探花和其他进士的一

白蜡明经

白蜡：比喻光秃空白。明经：科举制度中科目之一。比喻屡试不中。

例句：可怜老夫～，屡屡不中，白发青衫，落魄于此。

屡败屡试缘何在？
蜡炬成灰泪不干。

定是少数,多数人可能都在不断地白蜡明经,有的人可能在白蜡明经之后能够蟾宫折桂乃至独占鳌头。

以上成语都与考试有关,"金榜题名"是写实,"蟾宫折桂"是美好,"独占鳌头"是霸气,"白蜡明经"是遗憾。它们都富有文化内涵,至今仍然能通行在相关事情上,我们在使用这些成语的时候,不要忘了它们的文化色彩。

第十二篇 施教夙闻因材异

俗话说：有话则长，无话则短。中华成语中，很多成语的来源只有一个说法，有的成语来源的说法却很多。这一篇只讲一个成语，这个成语来源多，也非常重要，值得多说说。这是什么成语呢？我们先看一个故事。

一

因材施教

孔子是最知名的老师,天下的许多英才都千里迢迢来拜他为师。有一天,孔子收了一个新的学生,叫子夏。子夏看到孔子后,有点意外,因为孔子看起来是一个普通的老头子,论相貌,并不英俊;论身材,也不壮硕;论谈吐或智商,也只是普通而已。子夏想:"我的老师是天下最有名的良师,可是看来并没有什么特异之处呀,会不会是传言太过头呢?"子夏又反观自己的同学,好像个个都是人中龙凤,许多人身材相貌比老师英武,还有些人谈吐和聪明也不输给老师。

子夏想:这到底是怎么一回事呢?这些人既已比老师优秀,又何必从各个国家千里迢迢、翻山越岭地来追随老师呢?

有一天,他实在忍不住了,就跑去找孔子问个明白。他跪在老师的身边,急切地提出问题。

子夏问孔子:"老师,您觉得颜回的为人怎么样?"

孔子知道子夏的心思,就说:"颜回的仁义比我好。"

子夏:"那么,你觉得子贡的为人怎么样?"

孔子说:"子贡的口才比我好多了。"

子夏:"那么,子路的为人又如何呢?"

孔子说:"子路的勇敢远远胜过我呀。"

子夏:"那么,子张的为人又如何呢?"

孔子说:"子张为人的庄重严谨是我万万不及的呀。"

子夏本来是跪着的,这时吃惊地跳起来,说:"老师,这就是我一直想不通的问题。这些学生都比您好,为什么他们要拜在您的门下学习呢?"

孔子笑了起来,说:"来,你不用跪着,也不用站着,坐下来,让我告诉你。颜回的仁义心很强,但是不知道变通;子贡的口才很好,但是不够谦虚,不懂谦让;子路非常勇敢,但是不懂得退让;子张为人庄重,但是不能与人融洽相处,跟人合不来。这些学生,各有所长,各有所短,我可以看出他们的长处和短处,发掘他们的优点,改善他们的缺点。他们虽然都有比我强的地方,却并不是完善的,这是他们一直跟着我,不愿离开我的原因啊。"

这个故事很多地方都可以借用,比如:人不可貌相,弟子不必不如师,尺有所短寸有所长,还被作为哲理故事纳入企业管理知识。孔子作为弟子们的老师,他的教学艺术在于能根据不同人的特点进行教学,用成语来说就是因材施教。

因材施教
yīn cái shī jiào

因：指的是根据、顺应；材：当然指的是学生了。施教是一种教导他人的行为，施教要避免盲目性，否则欲速则不达。避免盲目性的前提在于，"材"是什么决定了应该采用什么方式来教，也就是要根据学生的实际情况来施行教育。

因材施教中，"材"和"教"的表现是多方面的。刚才这个故事通过孔子跟子夏讨论其他四个弟子的长短告诉我们如何达到教学管理的最佳效果，体现的是宏观上的"材"和"教"相顺应。孔子在这方面堪称典范，所以颜回、子贡、子路、子张都一直追随孔子。

虽然孔子是因材施教的典范，但是他自己并没有总结出这样一个成语，宋代的儒学大师朱熹在对《论语》进行注释的时候，多次引用宋代另外两个大学者程颐、张敬夫对孔子施教特点的归纳评价，这些评价的表达方式是"因其材而这样""因其材而那样"，后来就有了这个成语。我们先看一下宋代学者是怎么评价《为政》篇里孔子施教特点的，原文出自朱熹《论语集注》：

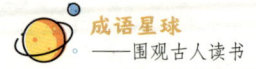

> 程子曰:"告懿子,告众人者也。告武伯者,以其人多可忧之事。子游能养而或失于敬,子夏能直义而或少温润之色。各因其材之高下与其所失而告之,故不同也。"

程子就是宋代理学的代表之一程颐。这是什么意思呢?是在评价孔子施教,主语都是孔子,所以省掉了。这个案例中,孔子教了四个人,他们是孟懿子、孟武伯父子,以及子游、子夏。孔子根据四个人的特点给了四种不同的回答指导,程颐认为:告诉孟懿子如何行孝,就是告诉普通人该怎么行孝;告诉孟武伯如何行孝,是因为武伯做了太多让父母担忧的事。子游呢,他是供养父母的,但有时不能尊敬父母;子夏呢,他能够明白行孝的道理,但有时缺少和蔼的脸色。这四个人能力不同,都有不足,所以孔子根据他们不足的地方来告诉他们什么是孝,所以跟每个人的对话都不一样。

到底这四个人请教了什么问题,孔子是怎么教给四个人的呢?这就涉及我们要讲的因材施教的三个层面中的第一个层面,也是最核心的层面。

因材施教

指针对学习的人的志趣、能力等具体情况进行不同的教育。

例句：孔子是历史上最早实行~理念的教育家。

你是哪种材？

二

因材传授

第一个问孝的是孟懿子，孔子只回答了两个字"无违"。无违就是不要违背，但不要违背啥呢？孟懿子认为自己听懂了，"孝就是不要违背礼"，就没有追问。孟懿子成为孔子的学生，是承父亲的临终遗命，他家是贵族，父亲孟僖子当年曾随同鲁昭公出访楚国，途经郑国，所到之处都无法按照合适的礼节应对外交事务，孟僖子深以为耻，就发奋学习周礼，而孔子就是推崇周礼的专家，孟僖子十分欣赏孔子。孟僖子快要死的时候，想到自己的经历，不希望儿子重蹈覆辙，就让两个儿子师从孔子学书学礼。所以"无违"就是不要做违礼的事。一般在教与学的过程中，学生发问，先生回答，如果回答太简单，学生没有吃透含义就要追问一下，要有个一来二去的交流，可是孟懿子没有追问，这次教学一个来回就结束了。孔子其实意犹未尽，所以樊迟给孔子驾车的时候，孔子就跟樊迟聊，他说："孟懿子问我什么是孝，我回答他说不要违背礼。"樊迟伶俐地追问："不要违背礼是什么意思呢？"孔子说，孝者无违，并不是不要违背先人的意志，而是对其生死葬祭都不要违背礼制。"父母活着的时候，要按礼数去侍奉他们；父母去世后，要按礼数埋葬他们、祭祀他们。"孔子教导孟懿子"孝"就是不违背礼，这个应该是"孝"当中具有普遍性的意义，但孟懿子在"礼"这个方面还是有弱点的，不像他父亲贤而好礼，对他强调守礼是有针对性的。孟懿子的姓氏是孟孙，与季孙、叔孙一样，都是鲁桓公的后代，构成鲁国贵族"三桓"，孔子曾担任鲁国大司寇，当时计划着手将"三桓"的城墙拆毁，加强王室权力，其他两桓都同意拆了，只有孟懿子不支持老师的举措，最后造成孔子流亡，两人再没有师徒之义，后人也不列孟懿子为孔门之弟子。

第二个问孝的是孟懿子的儿子，孟孙家下一代家主孟武伯。原文出自《论语·为政》：

孟武伯问孝。子曰："父母唯其疾之忧。"

如果说孔子对孟懿子的回答只有一个词，那么孔子对孟武伯的回答，是一个判断句。孔子的意思是："对父母，要特别为他们的疾病担忧（这样做就可以算是尽孝了）。"孟武伯是孟懿子的长子，也就是孟孙氏的继承人。这里孔子所说的父母唯其疾之忧，历来有三种解释：其一，父母爱自己的子女，无所不至，唯恐其有疾病，子女能够体会到父母的这种心情，在

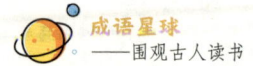

日常生活中格外谨慎小心,这就是孝;其二,做子女的,只需父母在自己有病时担忧,但在其他方面就不必担忧了,表明父母的亲子之情;其三,子女只要为父母的疾病而担忧,其他方面不必过多地担忧。第三种解释难以让人信服,第一种解释是自己不生病父母就能少操心,第二种解释是父母只需关心儿女是否病了,不需要关心其他的。孟武伯出身贵族,骄奢淫逸,声色犬马,生活不健康,毛病多。健康问题管理不好,也是不孝的表现。

第三个问孝的是子游,原文出自《论语·为政》:

> 子游问孝。子曰:"今之孝者,是谓能养。至于犬马,皆能有养;不敬,何以别乎?"

孔子回答子游用了一个推论和反诘,他的意思是:如今所谓的孝,只是说能够赡养父母便足够了。然而,就是犬马都能够得到饲养。如果不存心孝敬父母,那么赡养父母与饲养犬马又有什么区别呢?在这里孔子将仅仅给父母提供赡养的物质这种孝与给犬马喂饲料进行比较,非常形象而又深刻。孔子尖锐地指出,现在很多人都在孝敬父母上仅仅是给予父母衣食,并没有考虑到父母感情的需要,并没有做到尊敬父母,这样对待自己的父母与我们对待犬马是没有区别的。孔子的这种说法在今天也具有非常普遍的意义,很多人确实是这样做的,总是觉得让父母衣食无忧就可以了，往往忽略了父母的感情需要，不去陪伴父母，不去尊敬父母，总是惹父母生气，这与对待能够为我们效力的犬马有什么区别呢？可能很多人都没有想过这样的事情，但是细细思量，孔子说的是非常有道理的。孝不仅仅是形式，还应是一种发自内心的真挚情感，是一种爱的心情。

第四个问孝的是子夏，原文出自《论语·为政》：

> 子夏问孝。子曰："色难。有事，弟子服其劳；有酒食，先生馔，曾是以为孝乎？"

孔子回答子夏先直陈观点，再进行论证。这几句话的意思是：当子女的要尽到孝，最不容易的就是对父母和颜悦色了。仅仅是有了事情，儿女就去替父母做，有了酒饭，就让父母吃，难道能认为这样就可以算是孝了吗？

人是有思想的高等动物，有着高级的思维，不能和动物相提并论，我们要做到的应该是更多的对父母精神方面的满足。让父母衣食无忧、安享晚年是最基本的标准，除此之外，我们还要让父母有快乐的精神生活。

我们来归纳一下：孟懿子对礼的修为还可以提升，孔子就告诉他从"有礼"的方面修孝行；孟武伯在健康方面有让人担心的，孔子就告诉他从"忧疾"的方面修孝行；子游有能力供养父母，但对父母不够关心和尊敬，孔子就告诉他要从"心

敬"的方面修孝行；子夏心里明白但脸色少和蔼，孔子就告诉他要从"悦色"的方面修孝行。所以程颐说，孔子是根据四个人的不同能力和特点，针对各人的不足来施教的。孔子没有对"孝"进行定义，但如果把四个人需要补修的功课加起来，我们可以理解为："孝"就是要对长辈有礼，要少让长辈操心，要心中有长辈，要面上带笑容。

这四个人问什么是孝的故事，是"材"和"教"在微观上相顺应的著名案例。"教"需要传授知识，但知识的传授不一定要把它和盘托出，"孝"是一种与人的行为规范相关的人文知识，含义很多，根据学生的缺项特点强调突出所需的含义，在指导生活实际的时候更直接。

三

因人张弛

上面讲的是怎样根据"材"的特点传授知识,而这里要说的是怎样根据"材"的特点选择张弛的态度。

如果我们翻开成语词典,可能会发现在说到"因材施教"成语来源的时候,有的说它源于《论语》的《为政》篇,有的说是《雍也》篇,有的说是《先进》篇,这些都不矛盾,因为《论语》中因材施教的案例很多,我们再说一个《先进》篇里的故事。

有一次,孔子在讲完课之后回到自己的小书房休息,公西华跟着老师到书房给老师弄茶。有两个好学的学生对这一天讲课的一个内容还没有吃透,他们一先一后地来问老师。先是子路进到孔子的书房,他看到了孔子和公西华,向老师行礼,说:"老师,今天讲的课我有一个问题不太明白,虽然问题很小,但是对我个人来说,我认为这个问题很大,必须解决。这个问题就是,如果我听到了一件看起来很正确的事情,我是不是应该马上去做呢?"孔子看了看他,说:"你有父兄在,怎么

能这么草率去做呢,你应该先问问你父亲和兄弟,听听他们的意见,不要自己一个人匆匆做决定。"子路说,好的,知道啦老师。

子路请教完走了,接着冉有又走进孔子的书房。给老师敬了礼,又看了一眼公西华,孔子就问道:"冉有啊,你有什么问题要问的呢?"冉有说:"是的老师,如果我听到了一件看起来很正确的事情,那我是不是应该马上去做呢?"孔子不慌不忙地说:"是的,应该马上去做。"

等到冉有出去了,再也看不到身影的时候,公西华就问孔子说:老师,仲由问"听到了就可以行动起来吗",您回答说"有父兄健在";冉有问"听到了就可以行动起来吗",您却回答"听到了就行动起来"。我被弄糊涂了,怎么相同的问题给出的指导却是相反的呢?下面是孔子的回答,出自《论语·先进》:

子曰:"求也退,故进之;由也兼人,故退之。"

"退",指冉有做事不果断、缩手缩脚的性格特点,"兼人"的意思是胜过别人,一个人能干两个人的事就是兼人,这里指子路好勇过人。孔子的意思是:冉有做事优柔寡断,总是退缩,所以我鼓励他;子路性子比较冲,做事不考虑后果,好勇过人,所以我约束他。他们两个性格不同,如果我让他们对待同一件事用同一种方法，那么就是在害他们，与其这样，不如结合他们自己个人的性格和一些现实因素，给他们不同的意见，这样的话，他们就都能做好一件事。之后公西华和子路、冉有讨论的时候，子路和冉有都说，知我者，老师也。

冉有的懦弱在《论语》中也记载，冉有曾在权臣季氏的手下做事，季氏为人聚敛暴虐，冉有作为孔子的弟子，明知道这样做不对，不但不敢去劝上司季氏，反而顺从季氏的意愿，为他"聚敛而附益之"，气得孔子大骂冉有"非吾徒也"，并发动学生"鸣鼓而攻之"。如果冉有能够听从孔子的教导，坚持仁义之道，那就不会做出助纣为虐的事来了。

由于子路和冉有的性格一强一弱，所以孔子就用了一严一松、一抑制一鼓励的不同态度，表面上看不合理，实际上也是利于人才培养的。

（四）

鞭策有度

老师骂学生肯定是不对的，但中国古代有一个智者，他骂学生，解释得让那个挨骂的学生心服口服。这个老师叫墨子。

《墨子·耕柱》里面说了老师墨子骂学生耕柱子的故事。作为老师，墨子时常生气训斥耕柱子，耕柱子觉得很委屈，抱怨地说：我做得比别人差很多吗，为何老是训斥我，我没有比别人好的地方吗？墨子没有直接回答他这个充满埋怨的质疑，而是举了个例子，他说：假如我要去太行山，用一匹良马或者一头牛来驾车，你会选择用马驾车用鞭子打马还是用牛驾车用鞭子打牛呢？耕柱子说：那当然是选择用马驾车鞭打驾车的马。墨子接着就问：你为什么选择打马呢？耕柱子不明所以，就说：因为马拉车好，更值得我鞭打。墨子接下来就说：同样的道理，你问我为什么老是训斥你，生你的气，那是因为我认为你值得我训斥，值得我费尽心思去鞭策你！这时候，耕柱子才明白墨子的苦心。而这则故事，也成了千古美谈。

墨子认为学生耕柱子是一匹"良马"，马儿跑得快、有能力才值得鞭策，所以才用生气的方式鞭策教育他，勉励学生不断进步，能够真正承担得起责任，这也是一种因材施教。虽然现在我们都不提倡责骂训斥学生，但俗话说爱之深责之切是有一定道理的。

以上几个故事说的都是以弥补学生的缺陷来施教，因材施教当然还有正面发挥特长，也就是顺应长处来进行教育的故事。

《汉书·张汤传》说到一个叫张汤的人，他的父亲任长安县丞，有事外出，张汤在家里看家。他父亲回家后发现家中的肉被老鼠偷吃了，认为张汤没看好家，大发脾气，还打他。张汤觉得这真是很冤，老鼠害人不浅，就找到老鼠洞把它挖开，抓住了偷肉的老鼠，还找到了老鼠吃剩的肉，然后立案拷问审讯这只老鼠。先是陈述老鼠的罪状，经过拷打审问，传出审问记录的文书，写明了经过审问判决上报的程序，并提取偷肉老鼠和吃剩的肉，完成了一整套审判程序，案卷齐备、罪名确定，随后将老鼠在厅堂下处以刑罚，肢解了老鼠。他父亲见到这情景，就把儿子审问老鼠写的判词取来看，发现他的说话方式以及举动老练得就像狱吏一样。父亲非常惊奇，决定让他发挥这个特长，就让他学习刑狱文书，他学得很好。父亲死后，张汤继承父职，为长安吏，任职很久。

有时候，要找到适合学生的教育方式是要有一个过程的。《新唐书》说到一个唐代史学家的故事，这个史学家姓刘名

知几,字子玄,但是在唐代大家都不叫他"刘知几",而叫他"刘子玄",因为避唐玄宗的名讳,所以就用他的字来代替。刘子玄从小就有很好的老师,这个老师就是他的父亲,他十二岁的时候,父亲开始给他讲授《古文尚书》,《新唐书·刘子玄传》是这样记载的:

> 年十二,父藏器为授《古文尚书》,业不进,父怒,楚督之。及闻为诸兄讲《春秋左氏》,冒往听,叹曰:"书如是,儿何怠!"父奇其意,许授《左氏》。逾年,遂通览群史。

刘子玄的父亲给他讲授《尚书》是有计划有准备的,"藏器"就是先把教育人的辅助工具放好,这里说的"器"就是后面提到的"楚","楚"是用来打学生的小杖,也就是小棍子。过去很多家庭都备有竹条,小孩不听话或者考试不及格,会被家长用竹条打。家长用这种方式来督促孩子记住过错、吸取教训,随着社会进步文明程度越来越高,现在这样的方式已经基本不用了。父亲讲《尚书》,刘子玄怎么也听不进,学不好。看到他学业不见长进,父亲非常恼怒,就用小杖责打来督促他,这也不起作用。有一天,刘子玄听说父亲要给兄长们讲《春秋左氏传》,他混在兄长里面也去听课,听得津津有味,收获很大,还能剖析疑难问题。刘子玄跟父亲发感叹说:"父亲大人啊,您跟我讲授《尚书》如果也能像讲《春秋左氏传》这样,我怎么会懈怠呢?"刘子玄的父亲感到很惊异,答应给他单独讲授《春秋左氏传》。过了一年,刘子玄就通览了各种史书,后来以擅长文辞知名,并考中了进士。

　　以上故事中,传授知识因材施教,是培养智商;选择教学态度因材施教,是培养情商;施加压力因材施教,是培养逆商。故事中的教学模式属于个别教学,比较容易做到因材施教。我们现在的课堂教学是集体教学,难以真正做到因材施教。不管是课堂教学还是个别教学,了解学生特点是非常重要的。

第十三篇 诗书养志勤三省

有一个师生聊出来的故事叫作"牙齿和舌头",这个故事演绎到现在,它的哲学原理基本没变,但故事的参与者被现代人改造了一下。本来它是发生在老子和老子的老师常枞(cōng)之间的教学故事,现在有的版本说是老子给自己的学生上的课,流传更多的版本,故事变成了发生在老子和孔子师生之间。我们来看看这个版本是怎么说的。

一

"省"与"悟"

孔子学习知识能够虚心向别人求教，而且善于自己思考。相传有一天，他带学生去拜访很有学问的老子。他们走了很远的路，才来到老子的住处，老子很老了，正在闭目养神。孔子没有打扰他，就安静地站立在旁边等候。过了很久，老子睁开眼睛，孔子就施礼拜见，说自己特来候教。老子听了，又闭上眼睛，过了一会儿，他张开嘴巴，说："你看，我的牙齿怎么样？"孔子看了看，老子的牙稀稀落落的，大部分都掉了。于是他摇摇头，说："您的牙齿差不多都掉光了。"老子没有说话，又伸出自己的舌头，说："看看我的舌头怎样？"孔子看了看说："舌头的颜色红润，很健康啊。"听了这话，老子点点头，又闭上了双眼养起神来。孔子和弟子就向老子道谢离开了。回去的路上，孔子的弟子感到很疑惑，说："我们白白走了这么远的路，还没问到什么就回去了，没有收获。""本想求学的，没想到他老人家这么小气，不肯教我们。"孔子听了，捋着胡子哈哈大笑起来，学生更疑惑了。这时孔子说："老子

教给了我们大智慧呀!他张开嘴让我们看他牙齿,是想告诉我们,牙齿虽然坚硬,但是却经常磨碰,以硬碰硬,时间长了,受到的磨损大,有的就脱落了,即使没有脱落,剩下来的也是有残缺的;他让我们看他舌头,是想告诉我们,舌头虽软,但和牙齿这样坚硬的东西相处起来,却能以柔克刚,所以至今完整,没有丝毫损坏。"学生听了,恍然大悟。

  牙齿和舌头形象地演示了刚和柔的关系,我们在看这样的演示的时候要把里面的哲理意义省出来,悟出来。真正的学习不是别人教什么我们就记住什么,要进行思维检视,这种检视既是对所学东西的消化,也是深化。今天我们说两个与思维检视相关的成语,分别是三省吾身和日省月试。

二
曾子的"省"

sān xǐng wú shēn
三省吾身

省：检查、反省；身：自身。原指每日从三个方面检查自己，后指多次自觉地检查自己。这个成语出自《论语·学而》。

曾子曰："吾日三省吾身：为人谋而不忠乎？与朋友交而不信乎？传不习乎？"

1. 曾子自省

曾子，名参，是孔子晚年弟子之一，他十六岁拜孔子为师，比孔子小四十六岁，是孔子弟子中年龄最小的一位，到孔子去世的时候，他一共在孔子跟前学了十年。曾参勤奋好学，

深得孔子的喜爱，同学问他为什么进步那么快，他说："我每天都要多次问自己：替别人办事是否尽力？与朋友交往有没有不诚实的地方？老师教授的东西是否得到温习与践行？如果发现做得不妥就立即改正。"虽然曾子在说这几句话的时候列出了三项要审视检查的项目，但这里的"三省"至少有三种不同的解释：一是三次检查这三个方面是不是有问题，二是从三个方面检查，三是多次检查这三个方面。其实，古代在有动作性的动词前加上数字，表示动作频率高，不必认定为三次。

曾子反省的这三件事，抓住了一个人生活的重点：事业、人际关系和学习修养，这三个重点是一个人生活的三脚架，缺一不可，每天反省这三件事的状态就能够保证三脚架的平衡。当然，许多人都会在生活中检视这三件事，但是曾子检视的重点又与众不同：做事情他最看重的是一个"忠"字，交朋友他最看重的是一个"信"字，学习修养他最看重的是一个"习"字，这跟他的个性是有很大关系的。他说的这三点，与孔子说的"学而时习之"那一段有相似之处，都讲到了如何面对自己的成长，如何面对关系的处理，是对孔子"学而时习之"的继承。而曾子"三省吾身"的自我要求，为学人士子提高自身修养树立了明确的榜样。人，不自省其身，是走不远、飞不高的。

曾子一直坚持三省吾身，这种学习和处事的自我要求最后变成了习惯，成为"省身""慎独"修养观的典型代表。他和父亲曾点都在孔子门下，孔子开始对他的评价是"鲁"，"鲁"带有不知变通、不够灵活的意思，孔子也对他的"鲁"进行点拨教育。曾子的父亲对子女教育十分严格，据《孔子家语》记载，有一次，曾点叫曾参去瓜地锄草，曾参不小心将一棵瓜苗锄掉了，曾点认为他用心不专，便用棍子责打他，他也不躲避或溜走，任由父亲打。由于出手太重，曾点居然将曾参打昏了。当曾参苏醒后，作为儿子的他并没有因为被误打而愤愤不平，而是立即退到一边鼓琴而歌，在他看来，这是孝顺的儿子应该有的姿态。孔子知道此事后对他说："如果父母不是很严重地责打，做子女的承受即可。如果父母处于盛怒之下，出手难免过重，这样很可能将子女打伤残，等到父母气消后，必然后悔莫及。你这不是孝，而是陷父于不义之中。"曾参听到孔子这一番教导后说："我以为任由父母责打就是所谓的孝啊，看来是我理解错了。"

2. 曾子省友人

曾子的省察是很有名的，他不但自省，还会帮别人省。子夏因儿子死了而哭瞎了眼睛，曾子前去吊唁并说："我听说朋友的眼睛失明了，就要为它哭泣。"曾子哭了，子夏也哭起来，说道："天啊，我没有罪过呀！"曾子气愤地说："你怎么没有罪过呢？以前我和你在洙水和泗水侍奉老师，后来你告老回到西河，使西河的人们把你比作老师，这是你的第一条罪过。你居亲人之丧，没有可以为人特别称道的事，这是你的第二条罪过。你儿子死了就哭瞎了眼睛，这是你的第三条罪过。"曾子接着反问道："你难道就没有罪过吗？"子夏听后扔

掉手杖,下拜说:"我错了!我错了!我离开朋友独自居住太久了。"这是曾子学会了老师换个角度思考问题的方法。

3. 曾子省妻子

有时候,曾子是不想换角度的。一个晴朗的早晨,曾子的妻子梳洗完毕,换上一身干净整洁的蓝布新衣,准备去集市买一些东西。她出了家门没走多远,儿子就哭喊着从身后撵了上来,吵着闹着要跟着去。孩子不大,集市离家又远,带着他很不方便。因此曾子的妻子对儿子说:"你回去在家等着,我买了东西一会儿就回来。你不是爱吃酱汁烧的蹄子、猪肠炖的汤吗?我回来以后杀了猪就给你做。"这话倒也灵验,她儿子一听,立即安静下来,乖乖地望着妈妈一个人远去。曾子的妻子从集市回来时,还没跨进家门就听见院子里捉猪的声音。她进门一看,原来是曾子正准备杀猪给儿子做好吃的东西。她急忙上前拦住丈夫,说道:"家里只养了这几头猪,都是逢年过节时才杀的。你怎么拿我哄孩子的话当真呢?"曾子说:"在小孩面前是不能撒谎的。他们年幼无知,经常从父母那里学习知识,听取教诲。如果我们现在说一些欺骗他的话,等于是教他今后去欺骗别人。虽然做母亲的一时能哄得过孩子,但是过后他知道受了骗,就不会再相信妈妈的话。这样一来,你就很难再教育好自己的孩子了。"曾子的妻子觉得丈夫的话很有道理,于是心悦诚服地帮助曾子杀猪去毛、剔骨切肉。没过多久,曾子的妻子就为儿子做好了一顿丰盛的晚餐。

三省吾身

本指从三个方面检查自己。后泛指从各个方面自我反省。

例句：我们应该经常~，看看自己有什么不足。

抬头看路有目标，
埋头拉车有干劲，
回头合计有效果。

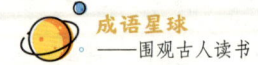

　　曾子的"三省吾身"虽然分为事业、人际关系和学习修养,但出门谋事、干事业是需要学习的,人际关系也是需要学习的,自省以后都会形成学习体会。曾子编写的《大学》《孝经》无不与三省吾身有关,或者说,他的三省吾身伴随他成为扎实奋进的学生,成为儒家学派重要的先生,成为经典《大学》《孝经》的作者,让后世越来越重视他,最后在明代成为儒家的"宗圣"。

三

家国的"省"

1. 加强检查制度

日省月试

试：考核。每天检查，每月考核，形容经常查考，又作"日省月课"。这个成语是《礼记·中庸》里面的现成语句沿用下来的：

> 忠信重禄，所以劝士也；时使薄敛，所以劝百姓也；日省月试，既廪称事，所以劝百工也；送往迎来，嘉善而矜不能，所以柔远人也……

  这里说的是治理国家的准则,从中庸的观点来看,治理天下有九条准则。第一是修养德行,德行修养了,大道就能够顺利实行。如何修养德行呢?那就是要清心寡欲,服饰端正,不做无礼的事。

  第二是尊重贤人,贤人被尊重了,社会就不会被迷惑。勉励贤人的方法是摒弃谗言、远离美色、轻视财物,重视德行。

  第三是亲爱亲族,以使父、兄、弟不抱怨。亲爱亲族的方法在于尊崇亲族的地位,重赐他们俸禄,与亲族有共同的爱和恨。

  第四是敬重大臣,大臣受到敬重,国家处事就不会恍惚不定。鼓励大臣的方法是为大臣多设下官以供任用。

  第五是体贴众臣,体贴众臣,士就会以重礼相报。如何勉励众臣呢?方法是让他们感觉到忠诚信实、俸禄优厚。

  第六是爱民如子,唯有爱民如子,百姓才会勤奋努力。而鼓励百姓的方法是根据节令使役,赋税微薄。

  第七是召集各种工匠,以使国家财富用度充足。鼓励工匠的方法是日日访视、月月考查,赠送给他们的粮食与他们的工作相称。

  第八是优待边远异族,以使四方归顺。优待边远异族的方法是盛情相迎,热情相送,奖励有才干的,同情才干不足的。

  第九是安抚四方的诸侯,以使普天下敬畏朝廷。安抚诸侯的方法是承续中断的家庭世系,复兴没落的国家,整治混乱,解救危难,定期朝见聘问,赠礼丰厚,纳贡微薄。

以上九条标准中，第七条召集工匠的鼓励方法是建立日日查月月考的制度。考试制度进一步发展就成了后来的科举考试。在世界文化中，考试考核制度极具中国特色，17世纪以后英国人仿照中国人的制度创立了他们的考试制度。所以考试与监察两种制度是中国政治历史上特有的一种制度，这个考试考核意识由来甚久。上古就有"日省月视"，负责部门、负责人每一个月要省查，每天都要省查，反省自己。

2. 设立专门岗位

"日省月试"大可以成为整个行业乃至于整个国家的制度，小也可以是个人的检视手段。它的表现形式也可说成"日省月课"，提到"课"，我们现在一般会想到语文课、数学课之类，但其实"课"的最早的本义就是动词"试"，"试"开始是用的意思，然后到试用，然后发展出考试检查的意思。这个说法来源于《魏书·李彪传》：

及储宫诞育，复亲抚诰，日省月课，实劳神虑。

《魏书》里面有个李彪，是北魏杰出的大臣。他有一次洋洋洒洒论证了七条国家改革建议，其中有一条是建议孝文帝设立太子师傅岗位，给太子找好的老师。当时的现状是怎样的呢？我们从李彪的话里可以知道，太子是皇帝自己教，没有专门的太子师傅。他说：陛下您幼小时蒙受勤诲，登上皇极，等

到太子诞生，您又亲加抚教，天天都检查，月月都考核，实在劳神太过，有时候也顾不过来。李彪说这个话只是一个引子，目的是要通过古今对比提出建立太子师傅制度。他说，商周以来八百年都是有专门的老师教导太子，他们于是养成美好的德行，以其调理黎民百姓，因此世世代代统治天下。秦朝开始放弃德政，焚坑儒家典籍，不以礼义教诲其子，于是后代们养成凶狠的本性，残酷地对待生民百姓，所以政权不能巩固，到秦二世便灭亡了。国家灭亡与兴盛，其关键在于有没有好的师傅，周公为周成王师傅，以孝仁礼义教导他，逐去成王身边的奸邪之人，不让他见到恶人，选择天下的端方之士、孝悌博闻有道术才干的人为他的辅佐之臣。身边的辅臣良端，成王自然端正了，因此周家天下恒固长久。赵高为胡亥的师傅，赵高专教胡亥以刑戮（lù）斩残以及夷灭人家家族，逐除他身边正派臣属，让他不能见到善良人士，谄佞谗贼之类的人围绕左右。左右邪恶，胡亥邪僻，秦朝国运因此短暂。现在实在应该依照古式设立师傅以训导太子，训导正确则太子自正，太子正则皇家庆福，皇家庆福则百姓受其大幸了。他的七条建议全部得到采纳实施。

李彪说孝文帝亲自教育孩子，日省月课，特别辛劳，其实日省月课就是李彪自己的一生都在做的。

李彪是个传奇性人物，他有三个不一般：第一，不一般的出身；第二，不一般的执着；第三，不一般的名字。

日省月试

按日进行检查,按月进行考核。形容经常查考。

例句:事实证明,~可以提高部门办事效率。

日查月考何时了,
真金不怕火来烧!

　　史书里面说到他的出身,是家世寒微,少孤贫。怎么个"孤贫"呢?他生在孟家,长在李家。出生那年正闹灾荒,父亲出门打鱼赶上风大浪急,一去无回,母亲也不幸死于难产,邻人李钦夫妇前去抱养他。八岁时养母又身患重病,不久身亡。李钦为养家糊口,挑担贩姜。一天,李钦赶到胡庄大集,街头算卦人说其收养的儿子李彪命毒,克死了亲生父母,又克了义母。李钦下定决心要让李彪离开自己,回到家中就说出了李彪的身世,接着拣起扫帚硬逼李彪离家。李彪痛哭流涕,跪在义父面前苦苦哀求,让父亲不要听信传言,自己即便不是李家亲生的也会像亲生儿子一样孝敬父亲。李彪额头都磕破了,最终还是被李钦生拉硬拽地赶了出去,从此便成了乞讨的流浪孤儿。虽然被义父赶出家门,但李彪不恼不恨,每天把别人施舍剩余的干粮积攒下来,隔一天往老家送一趟。李钦不让他进门,他就把干粮放在门口。后来养父身患重病卧床不起,李彪就把讨来的馍馍送到床前,养活义父。此孝行感动了李钦,同时也感动了当地的百姓。

　　这个孤苦的人不但没有被生活击垮,反而很有大志,笃志好学,苦学经书,连乞讨都捧着经书。最初,李彪受学于当地名儒监伯阳,伯阳十分称赞他。后来与青年才俊渔阳的高悦(高悦的父亲高允是北魏政坛不倒翁,历经五朝,80岁退休,人称"圣人")、北平的阳尼等人想一起隐居名山,没有实行。高悦的兄长高闾(lú)学问广博,才干突出,家里藏有很多图书典籍,李彪便到高悦家借阅,天天手抄口念,废寝忘餐。不久，一位年轻的鲜卑贵族、平原王陆睿，改变了李彪的人生。他偶然路过李彪家乡，听说了李彪的事情，很钦佩李彪的学问人品，带李彪一起回到当时的都城平城。李彪在陆家做家庭教师，陆睿给他提供衣服、车马甚至仆人，待遇很优厚。后来陆睿又推荐他结识了当时在朝廷很受器重的官员李冲，李冲非常欣赏李彪的才学，对他礼敬有加，不仅在生活上给予照顾，还经常向上面推荐，最终李彪被任命为朝廷中书省的"博士"职位，给宗室和权贵子弟教授文化课，这时李彪30多岁。十几年后，孝文帝年满20岁，正式亲政不久，李彪由中书博士调任秘书丞，负责编修国史，参与朝廷的重大活动。他积极建言献策，办事铁面无私，深得高祖孝文帝信任，官僚们都很怕他。

李彪本名并不叫李彪，但原名我们已经不知道了，这个名字是后来孝文帝改的，以彰显他的贡献功劳。当时北魏朝廷的修史工作时断时续，成效甚微。开始的时候，崔浩、高允等人编写《国书》，依照《春秋》的编年体例编写，结果《国书》中遗漏的史实很多，甚至三件史实中就有两件被漏掉。李彪与秘书令就上书奏请朝廷按照司马迁、班固写史书的体例，改编年体为纪传体，增设了纪、传、表、志等体例，以至数十年后魏收在修《魏书》时，还在感叹李彪的功劳。年轻的孝文帝此时为李彪改名字，因为班彪、班固父子作《汉书》，司马彪作《续汉书》，就给他改名为"彪"，希望他在修史上做一番事业。

梅花香自苦寒来，李彪就是历尽苦寒而意志弥坚的一朵历史之花，靠的是苦读、慎思、检视、反思，然后能够前行。

三省吾身与日省月试，看起来很相似，都是检查审视的意思，都与学习相关，但"三省吾身"是自我检视，"日省月试"可以检视他人也可以检视自己。这两种检视的方式都很有用，学习能力的提升、社会价值的创造都少不了自省和省他两个方向的检视。现在网络信息漫天飘舞，如果我们有三省吾身和日省月试的习惯，就能产生思考价值，不容易被欺骗，避免成为谣传的再次传播者。

第十四篇 梅花香自苦寒来

司马光有个著名的砸缸救人的故事，那是说他从小就是个聪明人。司马光也是一个极其好学的人，为了努力求学著书，想各种办法不让自己的时间浪费。据说，他为了不让自己贪睡，就在睡觉前使劲喝水，这样尿急了就能起来，哪知没有被尿憋醒却尿床了。后来，他用圆木做了一个枕头，睡觉的时候只要身子动了，枕头就会滚动，从而把自己惊醒，惊醒后立即起床学习、著书，这个枕头叫"警枕"。警枕就是司马光抢睡眠时间为学习著书的时间、延长并强化学习过程的严厉措施。这一篇说一说跟学习过程有关的成语。

一
坚守的过程

mó　chuān　tiě　yàn

磨 穿 铁 砚

这个成语的字面意思是把铁铸的砚台都磨穿了，用来形容用功读书，持久不懈。古代真的有人做了一个铁砚来励志，这个人就是五代时期的桑维翰。我们来看看磨穿铁砚这个成语故事与桑维翰是什么关系，原文出自《新五代史·桑维翰传》：

> 人有劝其不必举进士，可以从佗（tuó）求仕者，维翰慨然，乃著《日出扶桑赋》以见志。又铸铁砚以示人曰："砚弊则改而佗仕。"

桑维翰，五代时洛阳人。这人的长相很怪，身子短，脸却很

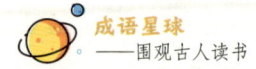

长,十分难看,人们乍一见都要窃笑,但他并没有因为长相难看而气馁,常常自我安慰,时常对着镜子说:"身高七尺的人,最终还是不如我这脸长一尺的人!"他心气很高,一心想要出人头地,立志求取功名,在大比之年,抖擞精神,去参加了科举考试。考进士科的时候,主考官非常迷信,翻阅考卷,一眼看见姓名栏内"桑维翰"三字,顿时眉头紧皱,对旁边的人说:"这个考生怎么会姓桑呢?"旁边的人不知他这样说是什么意思,主考官接着说:"'桑'和'丧'同音,'丧亡''丧事''治丧',这多么不吉利。所以这个人文章写得再好,也不宜录为进士。"三场考罢,桑维翰榜上无名。他风闻事情坏就坏在自己的姓氏上,不禁愕然,半晌说不出话来。有个朋友劝他以后不必再考进士,不妨另辟仕途,比如拜见、投靠权势以求荐举,虽然没有进士出身的资格,但这也未尝不是一个做官的法子。谁知他听了这话,不但不领情,反而好像受了莫大的屈辱,愤慨万状。他说:"我一定要写一篇文章,来为'桑'字正名。"回到家中,他就写了篇《日出扶桑赋》来抒发志向,赋中说,我国古代东方有一棵巨大的神木,名叫扶桑。日出扶桑,是说太阳就是从扶桑那儿升起的。既然连太阳升起的地方都跟"桑"字有关,那么姓桑又有什么不吉利呢?这还不行,又让人浇铸了一方铁砚,端放在书案上。他屡次指着铁砚对人说:"除非等到这铁砚被磨穿用坏,我才会不再投考进士,改换门路去谋官!"这个故事到这里就成了典故。功夫不负有心人,桑维翰最终还是考上了进士,在河东节度使石敬瑭手下做了一名掌管文书的幕僚。后人借他"磨穿铁砚"的故事,用为成语。可惜桑维翰唯石敬瑭马首是瞻,帮他借契丹之力灭了后唐,建立后晋,两度出任宰相,权倾朝野,缺少自我约束,广受贿赂,最后因契丹灭晋被降将所杀。

桑维翰铸造铁砚,一方面是立志的标记,另一方面也是他求学的见证。上述桑维翰的故事可以带给我们三个启示。

启示一,志向胜过美貌。这几年"颜值"这个网络用语成了一个高频词,不少人在美貌上会下一些功夫,比如注意着装、注重美容什么的。追求美貌不是坏事,但是如果没有一股心气做支撑,再美的容貌也总有一天会失色的。桑维翰相貌丑陋,走出去都有人笑,但他能自我化解,一点儿也没有受容貌的影响,就是因为他用高志向弥补了长相丑陋可能带来的困窘。

启示二,忍辱方能成功。对桑维翰来说,姓氏不能选择,但科举是改变命运的契机。人若不是因为才能不够,而是因为姓氏与晦气同音而遭到命运的捉弄,算得上大屈大辱,桑维翰的朋友就会投降放弃,走另外的路,我们有的人可能还会沉沦。桑维翰的做法实际上是忍辱而坚定地前行,他用《日出扶桑赋》来理论,用铁砚来明志。

启示三,学习改变命运。学习能给我们带来什么?桑维翰的长相问题、屈辱问题都是人生的考验,帮助他通过考验的就是坚持不懈的学习精神和过程,学习是他能自信的依据,学习是他能忍辱的资本,学习是他能达成目标的坚强后盾。

磨穿铁砚

把铁铸的砚台都磨穿了。形容发奋读书,持久不懈。

例句:他们决心~,攻下这一科学堡垒。

知难而进,铸成一把坚持的剑,拨转命运的船头!

二

坚持的态度

一丝不苟
（yì sī bù gǒu）

苟：苟且，马虎。这个成语的意思很容易理解，人们常用"一丝不苟"这个成语形容办事认真、仔细，毫不马虎。它出自《儒林外史》的一句现成话：

> 上司访知，见世叔一丝不苟，升迁就在指日。

《儒林外史》是清代吴敬梓写的一部著名的长篇讽刺小说。小说第四回讲了这样一个故事：明朝时候，皇上禁止宰杀耕牛，即使是信奉回教的人也不准宰吃。当时没有专门的肉牛，耕牛既负责生产劳动又是肉食来源。皇上命令一下，全国都要遵

守,有几个信回教的人为了能吃上牛肉,凑了五十斤牛肉送到知县汤奉那里,并请出一位老师傅来向汤奉求情。汤知县也是信回教的,看到牛肉是很高兴的,但是上面有禁令,又不敢接受,左右为难。这时恰逢另一个做官的张静斋在他家做客,汤奉就请教张静斋如何处理才好。张静斋说道:"这可使不得。你还记得洪武年间(明朝朱元璋时期)的刘老先生吗?他是洪武三年开科的进士,后来当了翰林。有一天洪武皇帝就好像当年宋太祖赵匡胤雪夜走访大臣赵普一样,不通告就私行到了刘家,恰好江南的张王送了刘老先生一坛小菜,刘老不知道深浅,以为就是小菜,当着皇帝的面打开让皇帝看个新鲜,哪知都是些瓜子一样的金粒。洪武皇帝恼了,说:'他以为天下事都靠着你们书生!'矛头直指贿赂,第二天,就把刘老先生贬为青田县知县,接着又用毒药赐死了。我建议你呀,可以把那位来说情的老师傅重办一下,打他几十板,取一面木枷枷了,把送来的牛肉堆在枷上,再在旁边出一张告示,说明他们大胆妄为,竟敢知法犯法。如果上司知道你办事这样一丝不苟,那么升官发财就指日可待了。"第二天汤知县果然这么做了,结果老师傅身子骨不够强健,被他给枷死了。回民知道这样做是张静斋的主意,吵着要他偿命。汤知县慌忙在北城用绳子将张静斋吊下去让他逃命。

这个故事和故事的作者,有两个具有讽刺性的特点值得注意。

第一,"一丝不苟"的色彩是有变化的。故事中用的"一丝不苟"很具有讽刺意味,汤奉按照张静斋的建议,一丝不苟地把老师傅枷住,上面一丝不苟地堆着几十斤牛肉,闹出人命,惹出民愤,这种做事认真细致不马虎具有反讽性质,带着贬义色彩。"一丝不苟"变成成语之后,其喻义也由反讽变成褒义的了,做事情提倡一丝不苟的精神,读书、学习的过程提倡一丝不苟,写作态度提倡一丝不苟。

第二,《儒林外史》是讽刺小说,作者吴敬梓也是具有讽刺性的人物。

首先,他出生于世族家庭却败了家庭。吴敬梓于18世纪初,出生在一个地方世族家庭,父亲去世给他留下一笔遗产,他不会经营生活,不会料理生活,家产被坐吃山空,被族人当作败家子看待,晚年生活更是困顿,经常要靠卖文章和朋友接济才能度日,甚至要拿书来换米吃。

其次,他热衷于科举考试又拒绝科举考试。他少年就已经才思敏捷,高人一筹,23岁考取了秀才,但是也就此止步。虽有才学却与科举无缘,先是几次都没能通过更高一级的科举考试,后来有人举荐他参加博士考试,他拒绝了。

再次,他信马由缰地生活又一丝不苟地写作。他性情豪迈,好交友,好痛饮,生活没规律,不知日夜地吟诗赋文,很多诗文差不多都是信马由缰写的,但是却非常用心地写了《儒林外史》。这部小说大约耗费了他近20年时间,直到49岁才完成,以写实主义描绘各类人士对于功名富贵的不同表现,真实

一丝不苟

丝毫也不马虎。形容办事极为认真。

例句：詹天佑不但对工作~，而且还有创新精神。

地揭示人性被腐蚀的过程和原因,从而对当时吏治的腐败、科举的弊端等进行了深刻的批判和嘲讽。《儒林外史》代表着中国古代讽刺小说的高峰,它开创了以小说直接评价现实生活的范例,书中还给我们留下了一大批成语典故。

这真是:张静斋劝知县一丝不苟求升职,吴敬梓用20年磨穿铁砚的工夫,一丝不苟地写《儒林外史》。

三 沉浸的模式

含英咀华
hán yīng jǔ huá

咀：细嚼，引申为体味；英、华：这里指精华。成语的字面意思是把花朵含在嘴里慢慢咀嚼，用来比喻读书吸取其精华。这个成语出自韩愈的《进学解》：

> 沉浸醲（nóng）郁，含英咀华，作为文章，其书满家。

这个意思是说，心神沉浸在古代典籍的书香里，仔细地品尝咀嚼其中精华，写起文章来，才思永远不会枯竭，创作力永远旺盛。

要透彻咀嚼这几句话的韵味，需要更多的背景知识。我们在"焚膏继晷"成语里曾经说过《进学解》是假托生徒之口拟成的,在韩愈教导学生要把学业和为人行事作为奋斗目标的时候,学生质问,说韩愈作为老师早就业精行成了,却没有好的结果。这几句话也是学生质问里面的内容,说老师一直沉浸在典籍里面,吸取了这些典籍的精华,书籍那么多,文章写得那么好,还一直不懈地努力,是个完美的人,可是朝廷不信任,私下里得不到朋友的帮助,动辄得咎。韩愈回答学生说:"从前孟轲爱好辩论,孔子之道得以阐明,他游历的车迹遍布天下,最后在奔走中老去。荀况恪守正道,发扬光大宏伟的理论,因为逃避谗言到了楚国,被废黜而死在兰陵。这两位大儒,说出话来成为经典,一举一动成为法则,远远超越常人,德行功业足以载入圣人之行列,可是他们在世上的遭遇是怎样的呢?我比起他们来学业远远不如他们,遭遇却比他们幸运多了,我学习虽然勤奋却不能顺守道统,言论不少却不切合要旨,文章虽然写得出奇却无益于实用,行为虽然有修养却并没有突出于一般人的表现,尚且每月浪费国家的俸钱,每年消耗仓库里的粮食;儿子不懂得耕地,妻子不懂得织布;出门乘着车马,后面跟着仆人,安安稳稳地坐着吃饭。局局促促地按常规行事,眼光狭窄地在旧书里盗窃陈言,东抄西袭。然而圣明的君主不加处罚,也没有为宰相大臣所斥逐,难道不幸运么?至于度量财物的有无,计较品级的高低,忘记了自己有多大才能、多少分量和什么相称。这不是为人行事应该有的。"

这个故事里面的"含英咀华",是学生在说老师是怎么刻苦学习的,如果我们把视野扩大一下,可以看到以下两点。

第一,整个《进学解》本身就是值得后世含英咀华的佳作。韩愈借师生对话的方式,把"业"与"行"的建设像打太极一样,左边来右边去,左右都是理,首先要学生刻苦学习搞好学业,学生疑惑:搞好学业就能在现实中得到认可吗?老师又从更宏观的维度将得失论得头头是道,正确看待得失,也是"行"的表现,这种正反立论的交锋和得失观的化解本事也是对经典进行含英咀华的成果。

第二,跳出《进学解》看其他经典,我们会看到古人很喜欢用典,而对"典故"的学习和吸收就是一种含英咀华。古代诗文多用典故,首先决定于中国文化传统的悠久、丰厚,积累起大量典籍,提供无比丰富的典故"资源"。其次,大量使用典故又与中国文化传统有关系。《周易》、先秦诸子、辞赋、《左传》《国语》《国策》,用典已经成为重要的修辞手段。今天,习近平总书记的各种报告,用典已经成了一大特色表达优势。含英咀华越多,下笔越若有神。

含英咀华

品味花的芬芳。比喻琢磨、领悟诗文的精华。

例句：对于古典诗词，我们要~，才能领略其韵味。

咀成语之英华，更好地说话；
咀经典之英华，更好地成人。

四
急切的后果

yù sù bù dá
欲 速 不 达

这个成语的喻义是,想求快速,反而不能达到目的。它是把一个条件关系的推论凝结成一个词语的结果,出自《论语·子路》:

> 无欲速,无见小利。欲速,则不达;见小利,则大事不成。

这是子夏做了莒(jǔ)父县长,向孔子讨教怎么治理地方的时候,孔子的回答。不要光图快,不要只看见小的利益;光图快,反而达不到目的,只看见小利益,大事就办不成功。

有本书叫《韩非子》,这本书中记载了齐景公的一个故事,能形象地说明什么是欲速则不达。春秋时期，有一次，齐景公外出游玩。正当他玩得高兴的时候，忽然从京城来了使者报告说："相国晏子得了重病，看来快不行了，请大王马上赶回去！"景公一听，好像一桶冷水兜头泼下，浑身都凉透了。晏子就是晏婴。为什么一个相国的病能让皇帝这么惊慌呢？因为晏子对齐国而言是功劳盖世的人，他辅政长达50多年，不但是齐景公的相国，还是景公的父亲庄公、庄公的父亲灵公的相国，辅佐三朝的人极其罕见，内政外交都是一等一的好手，十分难得。他屡屡直谏齐王，齐王气恼，但又效果很好，如果说没有晏子就没有齐国的强盛是毫不为过的。如今这样一个人快要死了，齐景公自然会十分着急。他马上叫人给车子套上最快的马，让驾车技术最好的韩枢给他赶车，火速赶回京城。正要出发，第二批前来报信的使者又到了。韩枢哪敢怠慢，立刻扬鞭催马，车子就一溜烟地疾驰而去。景公在车上坐也不是、立也不是，总觉得车子不够快，不断地叫韩枢：快！快！后来他干脆从韩枢手中夺过缰绳，自己赶起马来。这时候他们已经在全速前进，可是车速怎么快也比不过齐景公心急如焚的速度，在他看来总觉得车不快，于是齐景公就干脆跳下马车，拼命向前跑，希望自己更快。可是，事与愿违，他怎么能跑得过快马拉的车子呢？他一味想快，实际上却反而慢了。从这个故事我们可以知道"欲速则不达"的道理：做事总得依循一定的客观规律才能达到预想的目的，不能蛮干；如果只强调个人的愿望，不顾客观实际的可能性，就必然会遭到失败。

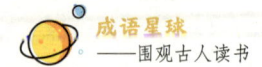

孔子这句话是用来指导子夏为政的，如果拿来指导学习，也具有同理效应。我们常常说要有好的学习方式，但是无论学习方式多么好多么巧，都要顺应学习规律。学习的一个规律就是要讲究学习过程，想忽略学习过程的一蹴而就的方法是不可靠的，会造成欲速不达的后果。

比如学习写作文，老师们可能千方百计为学生提供好的操作方法：开头新、结尾短，用名言警句提升哲理性和美感，用中外古今的例子加强容量和跨度。这些都很好，但学生如果每篇作文都照着这个特征去写，而没有文章的灵魂，写出来的东西就有拼凑感，像个大拼盘。学习写作要有过程，这个过程不是说每周或每个月都写一篇作文就行了，那只是时间过程，写作的提高要有自省的过程，最好的自省方式就是不断审视修改自己的作文，而不是急着写新的命题。审视自己作文的优劣，针对不足进行修改，改一次不行就两次，两次不行就三次，直至改好，这就是过程。违背了这个内在过程规律，次次都写新作文就可能产生欲速不达的结果。

今天我们说的成语磨穿铁砚、一丝不苟、含英咀华、欲速不达有一个共同的特点，即都是工夫茶式的成语。学习好比工夫茶，最后要"达"。"达"是什么？就是获得能力或取得成功。如何能"达"？一不能急，二要会咀嚼，三要认真，四要学会坐冷板凳。这几个方面合起来就是一句话：用磨穿铁砚的精神、耐心地、一丝不苟地含英咀华，积累"死"功夫，达到活的天地。

欲速不达

急于求快,反而达不到目的。

例句:凡事不可急于求成,须知~。

心急吃不了热豆腐,
快速乱子多,好事慢出来。

第十五篇 心有灵犀一点通

明朝冯梦龙的《智囊》里有这样一个故事：湖州人赵三和周生是好朋友，二人约定一起到南都去做生意。赵三的妻子孙氏不想让丈夫离开，闹了好几天。到了出发那天，赵三黎明就起床，跑到渡口，周生还没来，他就先上了船，在船上等候周生，因时间还早，便在船上小睡。赵三睡着了，船夫张潮看到他身上有钱，便见财起意，图谋将赵三携带的钱财据为己有，他偷偷地把船划到偏僻之处，把赵三扔进河中淹死。之后，他把船又划到原处，再假装睡得很熟。接下来周生来到渡口，看看船上只有船夫在睡觉，赵三还没来，就招呼船夫，上船等赵三，结果等了很久，仍不见人影，周生就请船夫张潮去催一下。张潮到赵家门口叩门，直呼三娘子，问赵三在哪里，怎么这么久还不来。孙氏很惊讶，回答说他出门很长时间了，难道还没有上船吗？船夫张潮回到河边，告诉周生说赵三不在家，他娘子说他出门很久了。周生很奇怪，急忙跑到赵三家与孙氏分头寻找，找了三天都不见踪迹。

周生觉得大事不好，怕牵连自己，便呈送文书报告了县衙。县太爷听了事情过程，知道赵三与孙氏吵了几天，就怀疑是孙氏害死了丈夫，但又苦于查不到证据，很长时间结不了案。后来，有一位姓杨的评事(裁决刑狱的官职)来审阅案卷，发现了一个疑点：张潮敲门便叫三娘子，一定知她的丈夫不在屋里。按通常习惯做法，张潮去找赵三应该直接呼叫赵三，不喊赵三而叫三娘子，说明他知道赵三不在屋内，船夫张潮不经意间露出了马脚。杨评事据此推断张潮杀人，张潮这才俯首认罪。这是一个疑难案子，整个案子表面上只有夫妻吵架是违和的，其他找不到疑点。所以县官按常理审案，当然就把吵架的妻子当作怀疑对象了。破案的关键是"三娘子"的称呼，这个称呼触发了杨评事的灵感，最后每个环节都顺理成章地通了。我们平时说豁然开朗、顿悟，其实就是灵感使事情能通透起来。如果灵感能使我们在学习的时候通透起来，那就是一种高境界的学习。

(一) 类相通

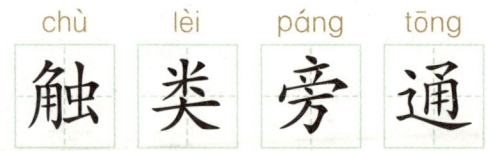

触类：接触某一方面的事物；旁通：相互贯通。掌握了某一事物的知识或规律就可以推知同类中其他事物。这个成语是由"触类"及"旁通"二语组合而成，来源有两处。

> 引而伸之，触类而长之，天下之能事毕矣。（《周易·系辞上》）
>
> 六爻发挥，旁通情也。时乘六龙，以御天也。云行雨施，天下平也。（《周易·乾》）

这两处出自《周易》，但篇章不同。先拿"触类"这一条来做个小实验，如果把这一条解读为："把它引申发展，触及一类而使之增长，天下的神妙之事就完成了。"这是用现代白话的方式把文言翻译了一下，按道理翻译成白话文就能懂的，但这一句白话理解起来却很难。为什么呢？语言这玩意儿，真正地理解分三个方面，一是形式，二是意义，三是内容。就好像数学，如果我们说三加三等于六（3+3=6），这是有形式有意义而没有内容的；当我们说三个苹果再加三个苹果就有六个苹果了（3苹果+3苹果=6苹果），这就有内容了。回头再看刚才的这些话，里面有三个"之"，写法和读音是形式，而这三个"之"有两个意思，前两个相当于说"它"或"这"，是指代某事物的，后一个相当于说"的"不指代事物，这是意义。前面两个"之"到底指代什么呢？这个"什么"不清楚，这几句话是看不懂听不懂的，因为没有内容，需要像代数一样把内容代入理解，才能真正地懂得这句话说的是什么，"之"就成了能使语句意义通透的关键和钥匙。读懂"触类"这一条，还要触及"之"的内容。要了解"之"的内容，首先要把知觉触及《周易》的特点。《周易》是一部中国特色的哲学书籍，是建立在阴阳二元论基础上对事物运行规律加以论证和描述的书籍，它对天地万物进行性状归类，用天干地支五行论，甚至精确到可以对事物的未来发展做出较为准确的预测。

"触类"说的是卦的事情，说八卦可以触类引申推演变成64卦，天下万事万物的变化就都在里面了。预测以卦为单位，

用蓍（shī）草占筮（shì），得到单卦，三变为一爻，六爻为一卦，八卦可以初步来统括万事万物之象，这是小成。在八个单卦的基础上顺其类再加以推演引申、重叠，卦数可以增长到64卦，理解其刚柔相推而生的变化，进而增长对其他类似事理的认知，天下所有可能发生的变化便尽在其中了，这是大成。

"旁通"说的是阳爻的作用，64卦以乾卦为首，乾为阳，乾卦由六个刚健的阳爻组成，象征着天，是万物的根源。六爻的运动变化是广泛贯通于一切事物的。这好像随时乘着六条龙去驾驭天，从而云流动着，雨降下来，天下一切都好极了。

周易的卦的触类和爻的旁通拼接为"触类旁通"之后，广泛地用于对事物的认知是否能因某个已知的触发点而贯通到其他。

本来不通不懂，怎样才能触类旁通呢？方法因人而异，不一而足，历史故事里面有两种贯通的表现异于常人。

表现一，用自己熬的方式突然开窍，获得触类旁通的能力。清代学者江藩在其所著的《国朝汉学师承记》卷一里，记载了同时代考据家阎若璩（qú）的故事。阎若璩生下来就口吃，个性愚笨，六岁上学，读书很勤奋，但即便读书一千遍都不能背诵。这种现象一直延续到15岁，15岁那年他突然就不笨了，口吃好了，记忆力也强了。那年冬天的一个夜晚，阎若璩在读书，对书中问题感到互相抵触，不能变通，就一直在努力思考，希求自己能搞通。他不去睡觉，漏壶已滴到四下，寒冷极了，还坚定地坐着思索，突然灵感就来了，他开窍了。从此以后，他就特别聪明，不同寻常。

　　表现二，用问的方式逐层打通，获得触类旁通的效果。清代著名学者戴震，安徽黄山人，是语言文字学家、思想家，《四库全书》的纂修官之一。梁启超称之为"前清学者第一人"。他的故事被另一个清代文字学家段玉裁在《戴东原先生年谱》里记载下来。戴震十岁时才学会说话，大概是聪明积蓄太久的缘故，一说话就特别强。他跟随老师读书，看一遍就能背下来，每天背几千字不肯停止，记忆力好还不是他最大的特点。他学习的最大特点，是敢于向老师发问，会"难"老师。老师教《大学章句》到《右经一章》以后，戴震连珠炮地向老师发问。戴震问老师："您凭什么知道这是孔子的话，而由曾子记述？又凭什么知道这是曾子的意思，而不是他的学生记下来的呢？"老师回答他说："这是朱熹说的。"戴震就问："朱文公是什么时候的人？"老师回答他说："宋朝人。"戴震又问老师："曾子、孔子是什么时候的人？"老师说："周朝人。"戴震再又问道："周朝和宋朝相隔多少年？"老师说："差不多两千年了。"戴震问老师："既然这样，那么朱熹怎么知道？"这时候，老师已经没有什么可以拿来回答了，说："这不是一个平常的孩子呵！"戴震这种勤学好问、善于动脑、踊跃连环质疑的方式，就是寻求触类旁通的体验。我们现在所热议的批判性思维，也可归为用问题方式达到触类旁通效果这一类。

触类旁通

接触、掌握同类事物或规律,由其类推而通晓其他事物或规律。

例句:小红学习起来总是能~,从不读死书。

天机自然在,触到就能通,
不过有人眼盲,有人眼尖。

二
理相通

融会贯通 (róng huì guàn tōng)

融会：融合领会；贯通：贯穿前后。将各种知识或事物加以融合、贯穿，进而获得全面通彻的领会。宋代大学者朱熹深刻揭示了融会贯通的内在原理，《朱子全书·学三》中写道：

> 举一而三反，闻一而知十，乃学者用功之深，穷理之熟，然后能融会贯通，以至于此。

汉语文献里给出这个成语的出处比较多，宋代、元代、民国初期都有，宋代最多，都是朱熹的话语。这个成语没有经过形式和喻义的改造，朱熹给出了这个概念并阐释了达成融会贯

通的条件。这个条件主要有两个要点:

第一,具有类推能力,能举一反三、闻一知十。知道一件事的道理,能够根据这个道理把相关的其他事情弄明白;听到一件事情,就可以据此推及其他很多事是怎么发生的。

第二,具有行动能力,能钻进去深入研究,把道理搞透彻。

用这个标准来衡量,朱熹对孔子的两个弟子是有评价的,这两个弟子都很了得,各有特长,但都没有达到融会贯通的地步。一个是子贡,他天性聪慧过人,告诸往事而知来者,接近圣贤,举一反三、闻一知十的能力是有的,但他惰于行,用功之深、穷理之熟稍微欠一些。一个是曾子,他较愚钝实诚,对圣人的一言一行都勤于践履,他见一个事是一个理,在他的努力下,虽然十分道理有九分九厘九毫已透彻,但在举一反三、闻一知十方面就差那么一点点,还是不能融会贯通。

用这个标准,朱熹在《孟子集注》里对孟子话语的解读评价认为是融会贯通的。孟子说:"博学而详说之,将以反说约也。"用朱熹的解读维度来说,这个意思是:"广博地学习,详尽地解说,目的在于融会贯通后返归到简约去。"孟子的意思,对一个道理博学而且详说它,并非想要夸多、想要比华丽,而是想要融会贯通,用繁复的方式来说简约的道理。

朱熹是唯一一位不是孔子的亲传弟子而配享孔庙的人。朱熹在儒家历史上的地位很高,他将北宋开始出现的理学思想发扬光大，并且进行了新的阐释，形成了新的哲学思想。无论是在当时还是在后世，朱熹这个人的名声都十分响亮，后世许多人将朱熹的新思想称为"新儒学"，甚至许多人还将朱熹的思想奉为正统。其实朱熹自己就是个融会贯通的人，理由有三：

第一，他在多方面有建树，是著名的理学家、思想家、哲学家、教育家、诗人、闽学派的代表人物，世称朱子，是孔子、孟子以来最杰出的弘扬儒学的大师。能够拥有这么多公认的大家头衔，与他闻一知十，花工夫深入研究有直接关系。他花大量的时间著书立说，对先贤成果的优劣看得很透，从而对经典有发展有创新；他花大量的时间从事教育活动，办书院、开讲坛，与名师进行思想交流，积累了大量的宝贵经验。

第二，他的著述甚多，有《四书章句集注》《太极图说解》《通书解说》《周易读本》《楚辞集注》。其中对《大学》《中庸》《论语》《孟子》进行剖析解说形成的《四书章句集注》成为钦定的教科书和科举考试的标准。这种大规模大范围的集注是需要广泛参考、大彻大悟才能完善的，融会贯通的魅力力透纸背。

第三，他从小就有融会贯通的强烈需求。《宋史》里就记录了他的这个特点。"熹幼颖悟，甫能言，父指天示之曰：'天也。'熹问曰：'天上何物？'"朱熹小时候就很聪慧，对世界上的所有事物都有非常强烈的好奇心，同时又因为他有很强的求知欲，所以经常会问出一些让人难以回答的问题。才学会说

话的时候,父亲指着天告诉他:这是天。他就马上问:天上有什么?有一次他就直接问自己的父亲,"地又是什么?"问天问地,追问到底,但是"天地"说简单也简单,说复杂也复杂,所以他的父亲经常被朱熹问住,不知该如何回答。四岁时,他父亲指着太阳跟他说:这是太阳。朱熹问,太阳附在哪里呢?父亲回答附在天上。朱熹又追问,那天又附在哪里呢?一席话问得父亲惊讶不已。朱熹在和自己的小伙伴一起玩的时候,也经常在地上用手指比画。

除了思想家、哲学家,历史上还记载了科学家融会贯通的可敬故事。北朝北齐著名的算术家、天文学家信都芳,河北沧州人,他的融会贯通有两个特点。

第一,用功之深是一般人无法企及的。他靠自学成为算术家。据《北史·信都芳传》记载,他少年时就懂得算术,且同时有巧妙的想法。他喜欢独自思考问题,每当他潜心研究问题的时候,都会因太过聚精会神地思考而表现出一种疑惑的样子,如果路不平,走路都会掉进坑里。他经常对人说:"算术与天文历象非常深奥微妙,用来研究天文现象的灵巧的机械装置精专细致。每当沉思默想的时候我就会沉浸在自己的思维里,听不到其他声音,甚至听不到打雷的声音。"他专心致志达到了一个超常的境界,有个成语叫大智若愚,他就是这样的人。信都芳性格清廉节俭,淳厚朴素。他不与别人同调,有自己的个性。名将慕容绍宗曾给他一匹瘦弱的马,他不肯骑;夜

融会贯通

将各方面的知识和道理融合起来作连贯、深入的理解。

例句：掌握知识既要广博，又要深入，逐步做到~。

融会贯通好比你知道一场龙卷风是一只蝴蝶扇动翅膀造成的。

里慕容绍宗又派遣奴婢侍女去引诱试探他，信都芳则生气喊叫，殴打侍女，不让她靠近自己。信都芳正直孤傲、洁身自好、坚持操守、不追求物质享受，获得的是安心搞研究的时间和人格境界的提升。

第二，自我推论，多方涉猎。丞相仓曹祖珽对信都芳说："用律管吹灰，技术很微妙，但已经很久不传于世，我想不出来，你不妨考虑考虑。"信都芳留意观察了十多天，就报告祖珽说："我得到方法了，但最终必须用河内葭莩（jiā fú）的灰。"祖珽当面试验，没有成功。后来找到河内草灰，用这种方法，随节拍飘飞，剩余的灰就不动了。但这种技巧不被当时人重视，竟然不流行，所以这种技巧终于绝世。

三
一通百通

一通百通

yī tōng bǎi tōng

这个成语也很好理解,一个主要的弄通了,其他的自然也都会弄通。它是从明代小说《西游记》里面流传开来的:

> 这猴王也是他一窍通时百窍通,当时习了口诀,自习自练,将七十二般变化,都学成了。

"一窍通时百窍通"中,"一窍通"是百窍通的前提,而"悟"是通的前提。

明代有一个非常著名的"悟"的故事,说的是文武双全的军事家、思想家、文学家王守仁的"龙场悟道"。王守仁字伯

安,别号阳明,因曾筑室于会稽山阳明洞,自号阳明子,学者们称之为阳明先生,叫他王阳明比叫王守仁更多。他的学说思想被称为王学、阳明学,是明代影响最大的哲学思想。其学术思想传至中国、日本、朝鲜半岛以及东南亚,弟子极众。王守仁小时候不叫这个名字,叫王云,天生有特殊的气质。一般人说十月怀胎指的是怀孕十个月之内会生产,王守仁的母亲怀孕超过了十个月。在他诞生之前,他的祖母梦见天神穿着绯玉衣裳,在云中的一片奏乐声中,抱一赤子从天而降,祖母把梦告诉祖父,祖父就给他取名为"云",并给他居住的地方也起个名字叫"瑞云楼"。王守仁五岁时还不会说话,但已能默记祖父所读过的书。有一高僧路过他家,摸着他的头说:"好个孩儿,可惜道破。"就是说他的名字"云"是一个道破天机的名字,不好,祖父为他改名为"守仁",名字一改,他就开口说话了。幼年的王守仁,有着良好的家世,学习环境也很优良。虽然他很喜欢学习也很会学习,但他并不认为科举就是人生最重要的事,天下最要紧的是读书做一个圣贤的人。当时国家朝政腐败、义军四起,明英宗朱祁(qí)镇居然被蒙古瓦剌部所俘。王守仁还小,发誓一定要学好兵法,为国效忠。他学文习武,但由于非常喜欢下棋,往往为此耽误功课。父亲多次责备他,他改不了,父亲一气之下,就把棋子投落河中。这下王守仁心受震动,顿时感悟,此后刻苦学习,以诸葛亮自喻,决心要做一番事业,学业大进。骑、射、兵法,日趋精通。他前两次科举不第，但已经闻名于考场，明弘治十二年（1499年）考取进士，授兵部主事。当时，朝廷上下都知道他是博学之士，但提督军务的太监张忠认为王守仁以文士授兵部主事，便蔑视守仁。一次竟强令守仁当众射箭，想以此让王守仁出丑。不料守仁提起弯弓，唰唰唰三箭，三发三中，全军欢呼，令张忠十分尴尬。王守仁上马治军、下马治民，文官掌兵符，集文武谋略于一身，做事智敏，用兵神速。后来宦官刘瑾专权，对执谏官戴铣（xiǎn）等不满，逮捕20多人，王守仁为这些人上书，说不要把这些人发配远方最后致死，以免朝廷背上"杀谏官"这样不好的名声。结果得罪了权倾朝野的刘瑾，被杖责四十，贬至贵州龙场驿当驿丞，父亲王华也受牵连从京城被贬到南京。路途中，刘瑾还派人追杀，王守仁伪造跳水自尽躲过一劫。这时的王守仁惊恐又迷茫，有遁隐出世的想法。他暗中到南京见父亲，父亲对他说："既然朝廷委命，你就有责任在身，还是上任去吧。"随后他放弃隐遁，决意知难而进，带了几个仆从，踏上崎岖漫远的路途，来到贬谪地贵州龙场。龙场万山丛薄，苗、僚（服苦役的官奴）杂居，既安静又困难，阴冷潮湿，魑魅魍魉窜伏，语言上也是生疏难懂，在这样的环境里待了三年，王守仁没有气馁，根据风俗开化教导当地人，受到民众爱戴。

他静下心来，放飞思绪："道"究竟在何处？事物的原理在哪里？为此，王守仁冥思苦想，殚精竭虑。他让人打造了一口石棺材，不吃不喝在里面躺了三天三夜，除了体会到死的滋

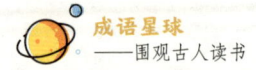

味,其他什么也没得到。一天半夜里,他忽然有了顿悟,认为心是感应万事万物的根本,痛苦由心来感觉,幸福也由心来感觉,由此提出心即理的命题("心外无理,心外无物")。这就是著名的龙场悟道。

王守仁认为,每个人的内心都有良知,所有的道理都在心上,心即理,何必求诸外?当你看到幼童掉入井中,自然会萌生救他的想法,难道还用别人教吗?当一个人看到飞禽走兽的悲鸣时,会不忍直视,这不是自然而然的事情吗?他看到太多的人,遵循程朱理学的要求,先花半辈子时间格物致知、研习经典,等真正用的时候,又半懂不懂,毫无章法,鉴于这种情况,王阳明提出"知行合一"。这个观点是说知就是行,行就是知,没有行过的知不是真的知,知、行是一体两面,这就是知行合一。

王守仁聪慧过人,为什么在家里、在京城任职的时候没有悟出道来,到了贵州才悟出来?这有两个原因:第一,环境逼人;第二,环境养人。

他生活的环境可以分为两类,第一个环境是熙熙攘攘皆为利往的环境,这个环境从甜到苦,最后把他逼到荒凉之地,还想让他死而后快,父亲也受牵连,他有理由万念俱灰,想要逃避。第二个环境就是贵州龙场,这个环境从苦到甜,山路崎岖、蚊虫多、语言不通、没有饱学之士可交流,但当地百姓淳朴善良,他有非常安静的时间来思考。

一通百通

一个关键部分明白了,其他部分也随之明白了。

例句:芳芳是个聪明人,经老师一点拨,也就~了。

很多人的成就是突然开窍得来的,开窍的方式各不相同,开窍的结果皆一通百通。

四

虚实相通

下学上达

这个成语的意思是指要学习人情事理,进而认识自然的法则。达到认识自然的法则是需要通悟的,《论语·宪问》中有写:

子曰:不怨天,不尤人,下学而上达。

这里的"尤"意思与"怨"相同。这是孔子对自己的评价,有一天孔子对子贡说:"没有人了解我啊!"子贡说:"怎么能说没有人了解您呢?"孔子说:"我不埋怨天,也不责备人,下学礼乐而上达天命,了解我的只有天吧!"

怨天尤人是我们现在常常看到的一种现象，它是有前提的，就是有不如意的事情发生在自己身上，孔子四处游说，想推行仁政，但是在春秋战国时期世界处于抢地盘搞吞并的风潮中，孔子的游说四处受阻。大家都认可他的道理，但是理想是遥远的，现实是残酷的，没有哪个君主敢视环境于不顾而推行仁政，孔子非常辛苦，但他不怨天。他觉得没有人了解他，但他并不怪大家。他虽然有远大的抱负，但他会脚踏实地做好身边的每一件实事，这就是下学。但人不能只照顾到自己身边的生活实事，还应该符合天道，达于天道，也就是做人的基本道理。世界上越基本的东西越是高深博大，不容易被认识到。

前面说到的王阳明，他也回答过学生问什么是下学上达的问题。他说：眼睛能看到的、耳朵能听到的、嘴巴能说出来的、心里能想到的，都是下学。反之，眼睛不能看的，耳朵不能听的，口中不能讲的，心中不能想的，是上达。上达存在于下学里。学者只从下学里用功，自然上达去，不必另寻个上达的工夫。

这一篇讲解的成语与灵感触发通悟有关，强调知识是有内在联系的"群"，有的只要找到一个触发点就可能带动掌握一群知识，如触类旁通；有的只要全盘在胸灵活看待就可能全面透彻理解，如融会贯通；有的只要找到一个触发点就可能打通所有的知识节点，如一通百通；有的只要明白有形和无形就可能畅通地游走在下学与上达之间。

下学上达

通过学习人情事理,进而理解高深的道理。

例句:不怨天不尤人,努力做到~。

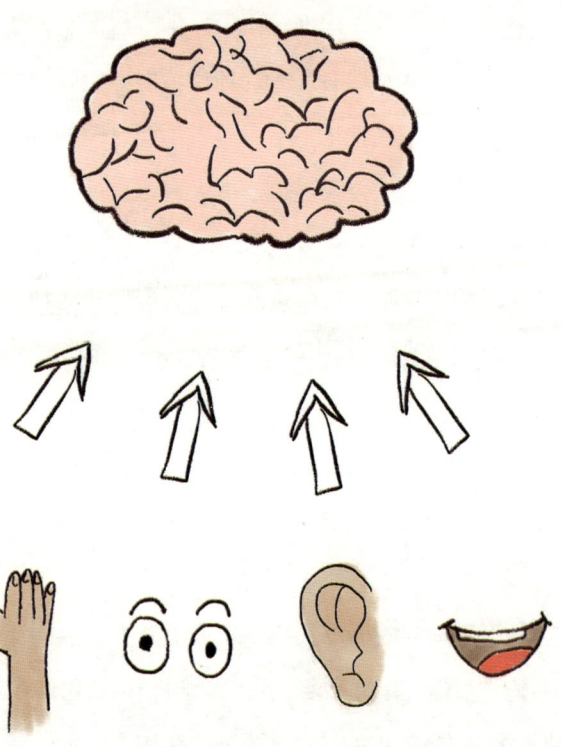

用摸得着、看得见、听得到、说得出的方式去悟人间正道,灵感可能就有了。

第十六篇

天才英发贵勤思

成语作为一种语言珠宝，把历史、人物、传说凝结成典故，为数众多，形成一种传统文化现象。从前面所讲的成语来看，它已经覆盖了学习的各个层面和环节，比如学习用的书、学习目的、师生关系、学习的苦与乐、学习习惯、学习环境、学习态度、学习方法、尊师、考试、教育规律、学习过程等，这一篇要说的成语，和过人的才能有关。

一

眼里的图像

东汉时，有这样一种风气，就是达官贵人死后，家人要为死者立碑。在这些碑中，有些碑文不仅书法精美，而且行文严谨、富于寓意。有一个奇人名叫应奉，他见多识广，最令人啧啧称奇的是他的记忆力好得惊人。一次，应奉与好友许训一道进京，他们骑在马上，一边欣赏路上的山光水色，陶醉于秀美的风景之中，一边聊起诗词歌赋。正行路中，他们看到路边有一块大碑，只见碑上的字笔法遒劲，很有气势。许训看了，认为书法好，必然也会文采好，便请应奉一起下马欣赏。应奉骑在马上，纹丝不动，只是飞快地看了几眼，便对许训说："许兄，下马就不必了，我回去抄给你就行了！"许训听了好生纳闷，虽听人说过应奉记忆力过人，但如此神速便把碑文记住，他怎么也不相信。应奉无奈，只好下马，让许训看着碑文，自己转过身去，对着远处的高山，将碑文从始至终一字不错地背了一遍。许训还是半信半疑，心想，应奉一定是见过这篇碑文，于是心生一计：他将沿途遇到的官吏、宾客，甚至吏卒、

仆役的名字都一一记在本子上。到了京城，闲暇时，许训便拿出自己的本子给应奉看。应奉接过许训的本子，只草草地翻了翻，便对许训说："许兄，你还漏记了一个人呀！"许训一下被应奉说糊涂了，忙问："应兄说的是谁？"应奉笑笑说："颍川纶氏都亭亭长胡禄，我们曾经在他那里喝过水，你怎么忘记了？"许训听了应奉的话，才猛然想起来，确实有这么回事。到这时，许训是彻底信服了，确信应奉的记忆力与众不同。

这个故事有两个回合，一是记碑文，二是记行程诸人，两个回合都在凸显应奉的超强大脑。这一篇要说的成语就跟人究竟有没有超强大脑有关。

这个成语的字面意思就是一眼锁住十行字，一般人看书一行一行地看，有的人能够十行十行地看，所以它用来形容看书的速度很快。但我们是否都知道古代形容看书的速度很快并不只一目十行这个说法呢？其实古代还有一目五行、一目七行的说法，不过只有一目十行的说法占了上风变成现代习用的成语。这个成语出自南北朝时期南朝宋齐梁陈的《梁书·简文帝纪》：

第十六篇　天才英发贵勤思

> 方颊丰下，须鬓如画，眄睐（miǎn lài）则目光烛人。读书十行俱下。九流百氏，经目必记；篇章辞赋，操笔立成。

这段文字说的是梁太宗简文皇帝萧纲。萧纲从小就聪明机智，见识和领悟力都超过常人，四岁开始识字读书，六岁的时候就能写文章了。萧纲是梁武帝的第三个儿子，梁武帝是非常爱好文学的，但看到儿子更爱好文学，不禁惊叹他的早熟，不相信这是真的，于是亲自面试。他特地把萧纲叫来作一篇文章，要考一考儿子。萧纲毫不怯场，不慌不忙地提笔就写，不一会儿就写成了一篇声韵和谐、辞藻华丽的骈文。这个儿子果真文辞、风采都极为优秀，梁武帝非常开心，惊叹道："这孩子就是我家的东阿王呀。"东阿王是三国时曹植的封号，曹植是曹操的第三个儿子，也是才气逼人，十岁出头就能诵读《诗经》《论语》及先秦两汉辞赋，出口成章，被后世传颂，所以梁武帝拿曹植来夸奖自己的儿子。萧纲七岁离宫，到了自己的封地，他以文会友，身旁会集了一帮文学大家。此时的他只是一个皇子，无忧无虑，终日与诗为伴，日子过得逍遥自在。萧纲长大成人后，胸怀宽广，不会轻易表露自己的喜怒哀乐。面相长得腮颊方而丰满，髯和鬓发就像画出来的一样，顾盼一下即觉目光灼人。读书速度惊人，一眼就能读通十行的内容，九种流派数百个人物的思想，过目不忘，牢记在心。文章辞赋，一挥而就。28岁那年，他的太子哥哥萧统死了，他被推向了历

史的前台,成为太子,命运从此改变。他带着他的诗词歌赋,带着他的文人幕僚,回到了宫里。18年后继位成为皇帝,但只当了三年皇帝就被害死了。萧纲当皇帝时间短、清心寡欲、没有特别的政治业绩,所以称为"简",文学才华突出,所以谥为"文",合起来就是简文帝。有人说他是一个更适合做才子的皇帝,这是有道理的。

唐代李延寿编写的一本记载南朝宋、齐、梁、陈四国170年史事的《南史》卷二里面,使用了"七行俱下"的说法:

> 世祖孝武皇帝……少机颖,神明爽发,读书七行俱下,才藻甚美,雄决爱武,长于骑射。

说的是南朝宋世祖孝武皇帝刘骏小时候很聪明,神采焕发,读书一眼就能读通七行,做文章辞藻精美,要文能文要武能武。这个小孩长大当了皇帝以后骄纵无度、无恶不作,那是德不配位。

本篇开头说的奇人应奉,在南朝范晔写的《后汉书·应奉传》里描写其读书的快速用的是"五行并下":

> 奉少聪明,自为童儿及长,凡所经履,莫不暗记。读书五行并下……时人奇之。

一目十行

一眼可以看十行文字。形容阅读速度很快。

例句：~不是每个人都能做到的。

天才哪里找？扫描眼力好。

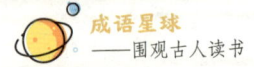
成语星球
——围观古人读书

　　应奉小时候就非常聪明,从小到大,凡是他经历过的事情,没有不默默记在心里的,读书能一下子读通五行。东汉有规定,每到一定时期,中央和地方都要派人到下面各级单位检查案件的审理情况,以防止产生冤假错案。有一年,应奉受太守委托,到郡下属的42个县去检查案卷。这些案卷涉及2000余人,材料抄录起来有几十卷。当他检查结束,返回郡衙向太守汇报的时候,应奉根本不看材料,把2000多名犯人的罪行和审理情况做了极为详尽的报告,而且没有半点遗漏。太守又是吃惊又是钦佩。

　　这几个说法有几个问题需要弄清楚。

　　第一,五、七、十哪个数字多?这个问题看起来问得很愚蠢,如果就数字而言当然是十多,如果就中国人说话的习惯而言还是十多,不然怎么就一目十行变成了成语呢?其实它们都是多的意思,像"五花八门""七拐八拐""十室九空"里面的数字都是多的意思。一眼看懂五行、七行、十行都是与"一"形成对比来强调读书速度快。

　　第二,读书快好不好?我们说的这几个故事都说好,读书快是一种超能力,因为它又快又精准。这些故事中读书快有一个共同点,那就是快建立在精准的基础上,离开了精准的快是不会留下口碑的。如果不能精准,那就要用另一个说法:十目一行。清代的阮元就主张"十目一行"的读书精神。阮元编印过不少书,常常请一个叫严杰的人帮他校对,阮元写了一首诗送给他:"严子精校雠(chóu),馆我日最长,校经校文选,十目始一行。"校雠就是校对;"馆"是借住的意思,严杰当时是住在阮元家里的。校对时最要紧的是细心,如果片面求快,有些错字就容易忽略过去了。

第三,一目十行怎么读的?如果我们愿意,经过训练,自己也是可以做到的。美国第35任总统肯尼迪的阅读速度是一般美国人的五六倍。他曾提出过"平面凸现"的阅读方法,即眼睛就像照相机镜头一样,可以一眼阅读整整一页的内容。

二

门缝的记忆

bàn　miàn　zhī　jiāo
半　面　之　交

看到这个成语,我们会马上想到另一个成语,那就是"一面之交",这两个成语是不是意思完全相同呢?有三种情况,第一,这两个成语是一样的,比如你去查成语词典,词典的解释好像是一样的,都表示曾经见过一面的交往,形容交情浅。第二,这两个成语是有程度差异的,比如在用的时候,往往"一面之交"用于肯定的回答,我们有时候说:我跟他只有一面之交;"半面之交"常常用于否定的回答:我跟他未有半面之交,就是连半面之交都没有,在程度上,这显然表示特别没有交情。第三,这两个成语是不同的,"半面之交"除了说交情不多、不深,还可以用来形容人的记忆力极强,这就是我们在这里要说的意思。这个意思还是跟前面说到的奇人应奉有关。

《后汉书》本来不止一个人写,南朝历史学家范晔编写了一本《后汉书》,还有一个史学家叫谢承,也写了《后汉书》,不过谢承的《后汉书》已经失传。范晔编的《后汉书》晦涩难懂,后来有不同的人给它作注,这就流传下来了。作注的人不但解释词句,还补充信息。唐朝有个叫李贤的,是武则天的次子,唐朝皇子中的佼佼者,他的重要成就就是20多岁时率领众文官注释《后汉书》,在注释中把谢承写的书中的内容引用补充到了这里。

半面之交的故事,在《后汉书·应奉传》中是这样展示的:

> 造车匠于内开扇出半面视奉,奉即委去。后数十年于路见车匠,识而呼之。

汉朝记忆天才应奉有一次到彭城去拜访看望朋友袁贺,那时候没有手机,袁贺也不知道他要来,所以当他赶到时,袁贺恰好不在。主人不在,他家大门就是关着的。应奉吃了个闭门羹,但隔着门听了一下,听到院内有动静,就上前敲门,原来袁贺家里请了匠人在造车,袁贺不在,那车匠仍然在做工,听到敲门,车匠就打开一扇门,露出半边脸看到了应奉,告诉他主人出去了。应奉得知袁贺不在,就转身离开了。过了几十年,应奉居然在路上碰到那个车匠,一下就认出他来,而且

半面之交

指见过一面。也泛指曾经见过一面的交往。

例句：我和他连~都谈不上。

有的人见了半面，转身就忘了；
有的人见了半面，却一直记得。

上前跟他打招呼，这个车匠一脸茫然，不知在哪里见过这位先生。应奉说："当年你在袁贺家造车，只开了半扇门露出半张脸，不记得了吗？"车匠经他提醒，细细回想，确有此事，非常佩服应奉的记忆力。后来人们就用"半面之交""半面之识""半面曾记"来形容人记忆力好，也指相交不深。

能够快速阅读是一种能力，能够快速记下来更是能力。只看过一次半张脸而且过了几十年还能透过半张脸认识记住一个人，那真的是记忆天才。

神奇的效应

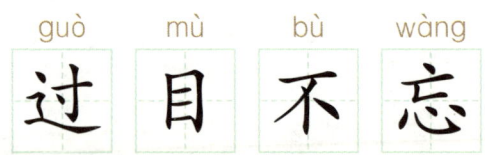

过目:从眼前经过,就是看一遍。看过一遍就不会忘记,形容记忆力很强。这个成语没有改造的过程,是个现成的描写,出自《晋书·苻融传》:

> 融聪辩明慧,下笔成章,至于谈玄论道,虽道安无以出之。耳闻则诵,过目不忘,时人拟之王粲。

苻融是晋代一个文武双全的人,这几句话说的是文的方面,他非常聪慧,文章一挥而就,不用修改。谈论玄学和大道,即使是东晋时代杰出的佛教学者道安也无法超过他。苻融有听到什么就能背诵下来、看到什么就能记下来的本事,当时大家把他比作东汉的王粲。

这里告诉我们,晋代有个过目不忘的人,汉代也有个过目不忘的人。苻融的过目不忘并没有具体记载,他让后人津津乐道的是他神奇的断案能力。他担任司隶校尉也就是监察官时,曾侦破过很多疑难案件,使他管理的地方"盗贼止息,路不拾遗"。

有一次,一个老太太在路上被盗贼盗走了包袱,包袱里有银钱,老太太高喊捉贼。一个路人连忙帮老太太去追赶盗贼,不一会儿就追上了,扭住盗贼,盗贼见跑不掉了,灵机一动,反咬一口,大骂抓他的人是盗贼,自己则是见义勇为的人。两人互相指斥对方是强盗,大家让老太太来辨认谁是盗贼,这时候天已黄昏,老太太眼睛不好使,也分不清是谁,只好到官衙去报案。苻融作为监察官正好在这里巡视,三个当事人被带到苻融面前,苻融问了问情况,又仔细端详了互指盗贼的两个人,便对当地的官员们说:"谁好谁坏,尽管他们脸上没有刻字,但也不难分辨。你们把这两个人带出去,让他们同时朝凤阳门方向跑,谁跑得快先跑出凤阳门,谁就不是盗贼。"过了一会儿,衙役将两人带回,苻融指着跑得慢的人说:"你这个小毛贼,抢了东西,还敢诬枉好人。"小毛贼只好招认。左右官吏问苻融怎能用此妙法辨出真贼,苻融说:"其实很简单,盗贼抢了包袱后,自然要拼命跑开,见义勇为的人起步晚,可

还是追上了盗贼,说明他跑得比盗贼快。所以用赛跑的方式就能验明真相。"

苻融为什么有这样的断案神力?

第一,他有过耳能诵、过目不忘的能力,能做到信息收集滴水不漏,使得他脑子里装的知识、经验、细节比一般人多,大脑的信息存储量大。

第二,他聪敏、反应快,使得他能快速提取大脑的有用信息形成有效推理,达到观察深刻、不被欺惑、精于断案的效果。显然,过耳能诵、过目不忘是办事出成效的基础。

在东汉有一个王粲,他的过目不忘也留下不少美谈。

王粲是东汉末年的文学家,年少时就有过目不忘的才名。比如,他和友人同行,看见路边的古碑,读一遍就能一字不差地背出来。当时的左中郎将蔡邕(yōng)是天下闻名的大学者,受到满朝官员的敬重,他家府第前经常是车马填巷,客厅常常宾客满座。王粲的超能名声却能让这个大学者仰慕。一天,蔡邕听说王粲在门外求见,便急忙出迎,连鞋子穿反了也顾不上,大家知道这是来了大贵客了。等王粲进门后,大家看到的是一个年纪小、身材矮的人,满屋的人都感到很吃惊。蔡邕当众考查了只有13岁的王粲,把自己的新作《述行赋》拿给王粲看,王粲看过,便一字不漏地背诵出来。蔡邕赞叹说:"他强记默识能力到了这个地步,真是奇才啊!我家收藏的书籍文章,全部值得送给他!"一次,王粲看别人下围棋,有人不小心碰乱了棋子，他说能帮着人家按原来的局势把棋子重新摆好。下棋的不信，拿出块手帕盖在棋盘上，让他换个棋盘重摆，结果完全没有误差。王粲生性善于计算，做算术题，很简捷地就能得出正确答案。他擅长写文章，总是一挥而就，从来不用修改，总有人以为他是预先写好的，但这些人不管怎么反复精心构思，写出的文章也没法超过他。

"过目不忘"有个孪生成语叫"过目成诵"，过目成诵一定是过目不忘，过目不忘不一定要成诵。王粲背碑文、背蔡邕的新作属于过目成诵，他把碰乱的棋盘复位属于过目不忘。

《三国演义》里面有一个张松戏曹操的故事，就是用过目成诵的本事来实现的。张松是蜀郡人，个子矮小，相貌不佳，他去许都求见曹操，曹操见他长得这样，便有意冷落他，边洗脚边接见，张松憋了一肚子气。曹操字孟德，喜欢钻研兵法，有高深的军事理论，他曾熟读孙武、吴起等前代军事家的著作，还自己写兵书，他写的兵书分两类，一类是开先河对《孙子兵法》进行注释，写了《孙子略解》，这成为后世注解《孙子兵法》的重要代表；另一类是根据亲身经验续写兵法，如《兵书接要》。曹操的兵法新书就曾受到张松的戏弄。当时给曹操当主簿官掌管文书的叫杨修，张松头一天见曹操憋了一肚子气，第二天杨修又拿出曹操的兵书新作《孟德新书》给张松看，说这是曹操仿《孙子兵法》而作的，趁着曹操怠慢张松之势头进一步在张松面前显示曹操的才华。张松虽然心情不好，

过目不忘

看过一遍就不会忘记。形容记忆力很强。

例句：他从小聪颖过人，不少文学作品都能~。

但不动声色，看了一遍就记了下来，笑着说："这个书呀在我们蜀国三尺孩儿都能背诵，怎么是新书呢？这是战国时候一个无名氏写的呀，曹丞相拿来作为自己的东西，只能蒙骗像足下你这样的人呢！"这番话把曹操和杨修都调侃了一下，杨修当然不信，张松说："你若不信，我来背诵给你听。"于是，张松将《孟德新书》从头至尾背诵了一遍，居然一字不错。杨修大惊，说："您过目不忘，真是天下奇才啊！"马上去把这事告知曹操，曹操奇怪地说："莫非战国时候的人和我想的都一样？"认为自己的书并没有新意，让人把那本新书烧了。其实，杨修是个好学能文、才思敏捷的人，要不然也当不了主簿，他对张松的调侃是心知肚明的，张松背诵曹操的新书让他吃惊的是张松的过目成诵的能力，与书的真假无关。

四
君子的能力

博 闻 强 识
bó wén qiáng zhì

这个成语也叫博闻强志、博闻强记,因为这里的识、志、记意思相通,都是记忆。闻,指的是见闻、学识。整个成语的意思说的是见闻广博、记忆力很好。这个成语出自《礼记·曲礼上》:

> 博闻强识而让,敦善行而不怠,谓之君子。君子不尽人之欢,不竭人之忠,以全交也。

用现代白话来说就是:见闻广博、记忆力很强而又能谦让,乐于做善事而不懈怠,这样的人就叫作君子。君子不要求别人时时事事都说自己好,也不要求别人时时事事都要对得起自己,这样,交情才能始终保持。

从这段话可以看到,博闻强识的意思到现在没有变,但它的社会作用有所不同了。君子,在现代主要是传承那个赋予了道德含义的概念,与小人相对,比如"君子坦荡荡,小人长戚戚""观棋不语真君子,落子无悔大丈夫"。君子虽然要有智慧,但并不强调广博的学识,更不强调记忆力超群。但是在《礼记》上,君子这个词包含四层意思:第一,要"博闻强识",代表学问能力高;第二,要"让",就是谦让,代表自我约束有修养,心态好;第三,要"敦善行",就是真诚地做善事,代表乐善好施;第四,要"不怠",就是不松懈,持久不变,代表有恒心。

这是一个高标准要求的君子,博闻强识成了君子的首要条件。

以上故事中的超强学习能力可能是天生的,所以人有天才之说,天生才能不需要经过艰苦奋斗就能获得,但有时候给人天才感觉的只是奋斗的结果,奋斗的经过我们没看到罢了。比如,苏轼背自己的作品很快,抄《汉书》三遍很慢。

据说宋代著名文学家苏轼能背诵各种各样的经典,具有过目不忘的"天赋"。有一天一个朋友来看他,等了很久苏轼才出来会见。客人不是很高兴,苏轼解释说:"你来的时候我正在抄《汉书》呢。"客人不解地问道:"以你的天才,过目成

博闻强识

见闻广博,记忆力强。

例句:他~,是一位难得的人才。

积累是通向天才的必由之路!

诵，还用得着抄吗？"苏轼说："不是这样的。我读《汉书》到现在已抄上三遍了。第一遍是每段抄三个字，第二遍是每段抄两个字，现在只抄一个字了。"那位客人试挑了几个字，苏轼就应声背诵有关段落，果然一字不差。可见苏轼的"过目成诵"，实在是出于他的勤读和勤抄，是勤学苦练的结果。其实苏轼不仅三抄《汉书》，其他如《史记》等几部数十万字的巨著，他也都是这样一遍又一遍地抄写的。苏轼称自己的这种读书方法叫"愚钝三法"。

　　这一篇说的成语与"最强大脑"有关，一是超人的速读能力，一是天才的记忆能力。这两个能力在现代人看起来无须刻意追求，因为书已经可以变成电子版，在移动互联网的环境下，每个人都可能带着一个图书馆行走在世上，不用着急看完一篇文章、一部书稿，更不用将需要的东西背诵下来，因为随时可以查。但如果能有意识地锻炼自己，培养一下这方面的能力，应该是既惬意又很有用的。当我们在考试的时候、竞赛的时候，阅读的速度越快越好，记住的知识越多越好。当老板询问某个项目开发的市场需求的时候，记住的数据永远比"我查一下我们的调查数据"要好。